Violettes dans la Fenêtre

Romance de

Patrícia

Psychographie de

VERA LÚCIA MARINZECK DE CARVALHO

Traduction en français:

Asmik Cuadros León

Lima, Pérou, Septembre, 2020

Titre original en portugais:
"Violetas Na Janela" ©
Vera Lúcia Marinzeck de Carvalho, 1992

Révision :
Pier A. Cárdenas Taipe
Lorena Quiroz Diaz

World Spiritist Institute

Houston, Texas, USA
E-mail: contact@worldspiritistinstitute.org

TABLE DES MATIÈRES

Dédicace

C'est la réalisation d'un travail que nous avons la grâce et la possibilité de faire. Fait de dédier à quelqu'un c'est montrer et reconnaître l'aide d'une certaine manière. À mes parents José Carlos Braghini et Anézia Alba Marinzeck Braghini, à qui j'aime beaucoup et je dois beaucoup.

Patrícia

Les violettes décoraient non seulement la fenêtre de ma chambre, mais aussi celle du nouveau monde que je faisais face. L'amour reste au-delà du temps et de l'espace.

Quelques mots de la Médium

Patrícia est ma nièce, la fille de ma sœur. Nous avions une grosse affinité et nous étions amies.

Dans l'adolescence, je captais facilement la plupart de ses pensées lorsqu'elle était près de moi.

Nous avons même joué avec la télépathie. Une fois, nous avons fait une expérience dans la ferme de ses parents. Nous sommes chacun restés dans une chambre, elle a pris un objet et l'a transmis, et j'ai deviné. Cela a fonctionné, nous avons expérimenté avec les mots, avec la précision. Seulement elle pouvait transmettre et je pouvais capturer.

Comme le hasard n'existe pas, je suis sûre que nos esprits connaissaient la tâche que nous aurions à accomplir plus tard.

Patrícia s'est désincarnée à l'âge de dix-neuf ans, elle a laissé un vide, sa présence physique lui manquait, mais la certitude que nous n'étions pas séparés.

La vie continue, et c'est sur cette particularité, la suite, qu'elle vient raconter avec amour, elle nous laisse de nouvelles connaissances.

Pour ma part, je suis reconnaissante, profondément reconnaissante à Père de m'avoir permis de profiter de sa compagnie pendant que nous travaillons.

São Sebastião do Paraíso, MG, 1992.

De la Médium

Vera Lúcia Marinzeck de Carvalho (São Sebastião do Paraíso, 21 octobre -) est une médium spirite brésilienne.

Depuis son enfance, elle est consciente de sa médiumnité, sous la forme de la clairvoyance. Un voisin lui a prêté le premier ouvrage spirite qu'elle a lu, « Le livre des esprits », d'Allan Kardec. Elle a commencé à suivre la Doctrine Spirite en 1975.

Elle reçoit des œuvres dictées par les esprits de Patrícia, Rosângela, Jussara et Antônio Carlos, avec lesquels elle a commencé à travailler en psychographie, pratiquant pendant neuf ans jusqu'à la sortie de sa première œuvre en 1990.

L'œuvre « Violetas na Janela », de l'esprit Patrícia, publiée en 1993, est devenue un best-seller au Brésil avec plus de 2 millions d'exemplaires vendus, ayant été traduite en anglais et en espagnol et adaptée au théâtre.

Cette nouvelle traduction de « Violettes dans la Fenêtre » est un premier aperçu des trois autres livres dictés par sa nièce Patrícia : « Vivre dans le monde des esprits », « La maison de l'écrivain » et « Le vol de la mouette », tous traduits et disponibles auprès du World Spiritist Institute.

PRÉFACE

J'ai rencontré Patrícia incarnée. Elle était une enfant, depuis qu'elle est petite elle est devenue une belle jeune fille. Grande, mince, blonde et avec de longs cheveux bouclés, des yeux bleus comme des morceaux de ciel. Elle avait un sourire franc et joyeux, elle étonnait tout le monde. Mais ce n'est pas cette beauté périssable qui a attiré mon attention. Elle était pure, délicate, cultivait la vraie partie, qui l'accompagnait dans la désincarnation. Elle était une spirite. Elle avait dans la Doctrine Spirite son but de vivre. Intelligente, studieuse, la connaissance des vérités éternelles l'intéresse. Elle a écouté les conseils de son père avec une profonde dévotion. Elle a raisonné sur tout ce qu'elle a appris. Quand je l'ai rencontrée, je savais qu'elle allait quitter le corps physique jeune. C'est ce qu'elle a fait. Comme une fleur récoltée qui orne la Terre, elle est venue nous enchanter sur le Plan Spirituel.

Je l'ai encouragée à dicter aux incarnés. En tant qu'amateur de littérature, je lui ai demandé de raconter son expérience à nos frères en chair. Combien il est agréable que la mort du corps nous surprenne avec une conscience claire, sans erreurs, vices et avec la connaissance de la vie spirituelle.

À mon grand plaisir, Patrícia a accepté et pour cela, elle a appris. Un travail qui n'a pas été un sacrifice puisqu'elle l'aime.

Excité, je vous présente cette âme délicate qui, par sa simplicité, parfumera notre littérature spirite.

Antônio Carlos

I
RÉVEILLER

Je me suis réveillée plusieurs fois puis je me suis rendormie. Pendant cette période d'éveil, j'ai observé l'endroit où je me trouvais. C'était une pièce avec des murs clairs et une fenêtre fermée. L'endroit était dans l'obscurité. Je me sentais extrêmement bien. J'ai entendu la voix de mon père, ou plutôt, j'ai senti les mots : « Patrícia, ma chère fille, dors paisiblement, tes amis prennent soin de toi. Sois en paix ». Bien que ces paroles aient été prononcées avec beaucoup d'affection, elles étaient des ordres. Je me suis sentie protégée et soutenue.

J'étais couchée dans un lit haut comme un lit d'hôpital, blanc et confortable. Je me réveillais et je dormais.

Jusqu'à ce que je me réveille complètement. Je me suis assise sur le lit. J'ai tourné la tête lentement, en regardant la pièce, et c'est alors que j'ai vu un monsieur assis sur une chaise à côté de mon lit. Quand je l'ai regardé, il a souri poliment.

Je me sentais moi-même, rangeant entre les draps blancs et légèrement parfumés. J'étais vêtue de mon pyjama bleu en tricot. J'ai arrangé mes cheveux avec mes mains.

Où suis-je ? - Je pensais.

Je ne connaissais pas l'endroit et ce monsieur non plus, qui ne cessait de sourire. Je n'avais pas peur et je n'avais même pas peur. J'ai été silencieuse pendant des minutes pour essayer de comprendre. Jusqu'à ce que le monsieur souriant s'adresse à moi.

- Salut Patrícia ! Comment te sens-tu ?

-Bien...

Je pensais à mon père, je le sentais. Je lui ai demandé mentalement : « Papa, qu'est-ce que je fais ? » « Calme-toi, calme-toi, face à l'inconnu, essaie de savoir ; dans les difficultés, trouve des solutions. Pense à Jésus. Le Divin Maître est la Lumière de notre chemin ». Papa a répondu en moi, c'était comme si je pensais avec sa voix. J'ai ressenti de l'encouragement et du courage, certainement des fluides qu'il m'a envoyés. J'avais confiance. J'ai tourné la tête vers ce monsieur, je l'ai regardé attentivement et je lui ai demandé :

- ¿Comment connaissez-vous mon nom ?

- Patrícia est un beau nom, je le connais depuis longtemps.

- Où suis-je ?

- Entre amis.

C'est vraiment ce que j'ai ressenti, la tranquillité. Me réveiller dans un endroit inconnu et avec cet étranger à mes côtés me semblait naturel, car j'étais toujours si accueillant et réticent aux étrangers. Je l'ai interrogé à nouveau.

- Quel était son nom ?

- Mauricio. Je suis un ami de ton père.

- Êtes-vous médecin ? Travaillez-vous dans notre Centre Spirite ?

Il ne m'a pas répondu, son regard calme m'a généré du calme. Je l'ai observé en détail. Il a les cheveux roux, des taches de rousseur sur le visage, les yeux verts, une grande bouche et un beau sourire. Il m'a laissée le regarder. Les minutes se sont écoulées tranquillement. Jusqu'à ce que j'ose lui demander :

- Est-ce que je rêve ou est-ce que je me suis déjà désincarnée ?

II
DEMANDER

Cet étranger qui, par affinité, me semblait être un ami qui veillait sur moi, a continué à sourire. Il m'a regardé dans les yeux, des souvenirs d'événements me sont venus à l'esprit.

J'allais me lever, c'était dimanche, l'hiver et la fin des vacances. Je me suis assise sur mon lit pour changer mon pyjama chaud pour une autre tenue, quand j'ai eu le vertige. Mon lit était contre le mur et j'y ai posé ma tête. J'avais l'impression que quelque chose explosait dans ma tête. Ce sentiment a persisté pendant quelques secondes. Sans savoir qui ils étaient, j'ai entendu des gens à côté de moi pendant un moment.

– Calme-toi ! -Patrícia, calme-toi ! - Quelqu'un a parlé avec tendresse.

Je les ai sentis me tenir les mains, tout comme j'ai senti des mains dans ma tête.

- Dors, dors...

J'ai vraiment dormi. Les souvenirs se sont terminés comme par magie. Le fait est que j'étais dans une pièce qui n'était pas la mienne. En étant devant Mauricio, j'ai regardé partout, j'ai compris que je n'avais pas besoin de répliquer, Mauricio m'aiderait seulement à me souvenir. Je m'étais désincarnée. J'étais si calme que j'ai été surprise. J'ai soupiré, le mieux était de le supposer. Savais-tu qu'un jour tu te désincarnerais ? J'ai demandé à nouveau à Mauricio, comme s'il s'agissait d'une affaire banale.

– Que s'est-il passé ? De quoi me suis-je désincarnée ?

- Une veine s'est rompue dans votre cerveau. Il doit y avoir une raison pour que le corps meure lorsque le temps de l'esprit incarné expire. Elle était due à un anévrisme cérébral.

- Où suis-je ?

-Dans la Colonie de Saint-Sébastien, à l'hôpital. Dans la section Recouvrement.

- De quoi suis-je en train de me remettre ?

- Rien vraiment, tu vas bien, tu es juste ici pour t'adapter. Patrícia, te souviens-tu de ta grand-mère Amaziles ? Elle est ici et elle veut te voir.

L'image de la grand-mère m'est venue à l'esprit. Je l'aimais beaucoup. Elle était très malade, son état s'est aggravé et elle est allée à l'hôpital. Quand elle s'est désincarnée, nous étions, ses petits-enfants, en train de prier pour qu'elle guérisse. Quand nous avons appris qu'elle s'était désincarnée, nous nous sommes mis à pleurer. « Comment ? » demanda ma sœur. « Nous priions pour qu'elle guérisse. » Ma mère a répondu : « Tes prières ont été exaucées. Jésus, voyant qu'il ne pouvait pas guérir dans le corps, l'emmena pour guérir sur le Plan Spirituel ». J'étais désolée, nous étions désolés beaucoup sa désincarnation. Maintenant, elle était là et voulait me voir. J'ai corrigé ma pensée. Est-ce que j'ai aimé ça ? Non ! J'aime beaucoup !

- S'il te plaît, Mauricio, faites-la entrer - j'ai dit joyeuse.

Grand-mère est entrée lentement dans la chambre. Elle semblait différente, plus belle, plus intelligente et sans ses grosses lunettes. Elle m'a donné un baiser sur le front et nous nous sommes longuement embrassés. Mes sentiments à ce moment-là étaient confus. J'étais heureuse de la voir, mais j'étais aussi sûre qu'elle s'était vraiment désincarnée. J'ai ressenti un vide et une légère peur. Quand elle s'en est rendue compte, ma grand-mère m'a lâchée et s'est assise à côté de moi sur le lit. Elle a souri joyeusement et a dit :

-Patrícia, c'est magnifique ! Bientôt, je pourrai te montrer des endroits merveilleux. Tu es si belle ! Si belle ! Tu as besoin de quelque chose ? Tu veux que je te fasse quelque chose ? Tu...

- Grand-mère - je l'ai interrompue - comment va maman ? Et papa ? Juniño ? Carla et le bébé ? (Juniño et Carla sont mes frères. Carla, quand j'ai débarqué, était enceinte de son premier enfant).

-Ils vont bien. Ce sont des spirites. Le Spiritisme donne à des incarnés la connaissance de la mort du corps. Ils comprennent les événements et savent que ta désincarnation t'apportera beaucoup de bonheur. Juniño va bien, Carla aussi : elle aura un bel enfant. Ton père est solide comme un roc, son savoir est le gouvernail qui permet de diriger le bateau depuis sa maison.

- Grand-mère, ils n'ont pas regretté ma désincarnation ?!

- Bien sûr qu'ils l'ont fait. Bien sûr, tout le monde souffre de t'absence. Ils s'aident mutuellement en faisant preuve de beaucoup de compréhension. Ils font de leur mieux pour t'envoyer l'affection et l'amour qu'ils ressentent. Un jour, tu les rencontreras, comme tu me rencontres en ce moment. Tu verras qu'ils ne seront jamais séparés. L'amour unit.

- Grand-mère, occupes-tu d'eux, vous aussi, monsieur Mauricio. Aidez-nous. Maman doit être triste, elle pleure pour moi ? Soudain, elle ne veut pas manger.

Mauricio s'est assis en silence dans le canapé depuis que la grand-mère est entrée dans la chambre. Alors que je lui demandais de l'aide, il a essayé de me calmer.

— Patrícia, dans ta maison terrestre, on nous demande seulement de nous occuper d'eux. Tu nous demandes de prendre soin de lui. L'affection sincère qui les rassemble est un lien fort. Nous prendrons soin de toi et d'eux. Je serai toujours avec toi, jusqu'à ce que tu t'adaptes bien, tu m'auras pour compagnie. Je suis chargé de veiller sur toi.

- Merci - j'ai répondu en essayant de sourire, mais je pense avoir fait un geste.

Je commençais à m'endormir, une irrésistible envie de dormir. Je suis allée me coucher. Grand-mère m'a aidée à m'installer. Mes yeux se sont fermés. Ils m'ont tous les deux souri. Grand-mère m'a embrassée sur le front et m'a pris la main.

-Je crois que je vais dormir...

III
PREMIERS CONNAISSANCES

Je me suis réveillée de bonne humeur, j'étais seule, les souvenirs me sont venus à l'esprit. « Eh bien - ai-je conclu - si je me suis désincarnée, je dois m'adapter rapidement et apprendre à vivre désincarnée ».

J'ai lu de nombreux livres de spiritisme que j'adore lire. Et le livre Notre Maison, d'André Luiz, m'est venu à l'esprit. L'auteur raconte bien comment c'est de vivre dans une Colonie. Et si j'étais dans une Colonie, je n'avais que des raisons d'être reconnaissante. Je me suis désincarnée et je n'ai pas erré, je n'ai pas souffert, je ne suis pas allée au Seuil. J'ai été secouru et je me suis sentie bien.

Je regardais la chambre avec curiosité. C'était simple, très propre, avec un placard, une petite table, deux chaises et un siège. Un miroir sur le mur. Mais il y avait deux portes et une fenêtre.

– Dois-je me lever ? - J'ai parlé doucement.

Après un léger coup sur la porte, Mauricio est entré en souriant. Je voulais lui demander pourquoi il souriait autant, mais je ne l'ai pas fait, j'ai préféré sourire aussi.

– Bonjour, Mlle Patrícia. Comment vas-tu ?

– Bonjour.

– Tu as aussi un beau sourire. J'aime sourire, je deviens moins laid et je n'ai pas si peur. Alors je suis si heureux...

J'ai senti mon visage brûler, j'ai dû devenir rouge, il ne semblait pas le remarquer et a continué à parler joyeusement.

– Tu t'es réveillée de bonne humeur, c'est bien. Lève-toi si tu veux et mets-toi à l'aise.

- Je suis très fatiguée, je me réveille et je veux me rendormir. Ai-je beaucoup dormi ? Combien de jours ?

Tu t'es évanouie il y a seize jours. Tu dors beaucoup parce que nous prenons soin de ton père, qui nous a demandé de t'endormir ces jours-ci.

- Pourquoi ?

- Nous pensons que c'est le mieux pour toi. C'est pourquoi, dans cette période difficile qu'est l'incarnation de la perte d'un être cher, quand on dort, on ne le ressent pas.

– Souffrent-ils beaucoup ?

Il est naturel qu'ils souffrent. Ta désincarnation a été rapide, ils ne s'y attendaient pas, tu étais si bien. Cela ne devrait pas t'inquiéter, le temps s'occupe de la douleur.

- Je crois que je vais me rendormir.

Je me suis installée et j'ai dormi. Mon sommeil a été paisible et agréable. Quand je me suis réveillée, j'étais seule. J'ai prié avec foi, remercié le Père pour tout ce que j'ai reçu, prié Jésus pour la protection de ma famille, demandé leur réconfort. Je les aimais et j'étais aimée. S'ils voulaient que je sois bien et heureuse, je leur souhaitais du bonheur. J'ai prié en pensant à tous, un à la fois. Je me sentais triste pour ma mère. Quand j'ai pensé à papa, j'ai senti qu'il se tenait devant moi en disant de sa voix grave : « Patrícia, ma fille, ne te regrette pas, ne laisse pas ton apitoiement s'évanouir. Sois forte, je veux que tu sois heureuse. Souris ! La vie est belle, que ce soit ici ou là-bas, peu importe, ce dont nous avons besoin, c'est d'être avec Dieu. Les amis prennent soin de toi, ils reçoivent t'amour. Sois fort, n'aie pas peur. Tu vas bien, essaie d'être heureuse. Nous serons toujours ensemble. Tu ne dois pas t'inquiéter de la perte de ton corps de chair, tu dois comprendre que la vie t'est reconnaissante ; prie, ressens notre amour et souris. »

Je me suis excitée, je me suis levée, j'ai ouvert l'autre porte et j'ai trouvé une très belle salle de bain, propre et simple. J'ai ouvert le robinet de l'évier, l'eau à température ambiante était bonne et claire. Je me suis lavée les mains et le visage.

Je me suis regardée dans le miroir. J'étais très bien. J'ai lissé mes cheveux. Je suis retournée dans la chambre, j'ai ouvert le placard et j'ai trouvé certains de mes vêtements. Je n'aimais pas mettre mes vêtements de nuit, alors j'ai choisi un jean et un t-shirt jaune et je me suis changée. Je me suis ressentie très bien. Je suis désincarnée en hiver, la température était très froide, mais il ne faisait pas froid là-bas.

J'ai entendu frapper à la porte, puis Mauricio est entré, cette fois c'est moi qui ai souri. Il a apporté un plateau qu'il a mis sur la table.

- Quelle joie de te voir si bien !

- Mauricio, n'est-ce pas l'hiver ? Il ne fait pas froid ici ?

- Il n'est ni froid, ni chaud. Dans les Colonies, la température est toujours douce et agréable. Dans le Seuil, la température varie comme pour les incarnés.

Il a découvert le plateau, il contenait de la nourriture.

- Patrícia, viens manger.

- Je pensais que je n'aurais pas besoin de nourriture.

- La sensation de l'incarné ne se perd pas du jour au lendemain.

- Mangez-vous ?

- Non - sourit-il - pas comme ça. Je te rappelle que le périsprit dont tu es encore vêtu est encore de la matière. Ce n'est que progressivement que tu cesseras de manger, et pour cela, il faut apprendre à te fournir d'autres sources d'énergie. Si tu veux prendre un bain, n'hésite pas, le bain est là. Comme tu as eu de bonnes habitudes d'hygiène, il est naturel que tu n'arrêtes de faire ce à quoi tu es habituée que lorsque tu apprends à te nettoyer avec volonté.

- Qu'est-il passé avec ces vêtements ? Ils sont à moi. Comment sont-ils arrivés ici ?

- Ce ne sont certainement pas les mêmes. Incarnée, tu portais des vêtements de matière. Ils sont différents ici, ce sont des vêtements qui leur sont propres pour les personnes désincarnées. Ce sont des copies de celles que tu as eues. Je les ai façonnés pour te plaire. Modifie-les comme te plaisir.

- Merci. Est-ce que cela arrive à toutes les personnes désincarnées ?

–Non. Tu, Patrícia, tu es venue dans la Colonie par mérite et par affinité. Tu t'es fait, incarnée, beaucoup d'amis ici, tu es aimée. Les amis sont là pour aider. Dans ton cas, nous essayons de te faire plaisir. Malheureusement, ce n'est pas pour tout le monde que nous pouvons faire ce genre de choses. La plupart portent des vêtements faits de fluides mentaux, fabriqués à Colonie. Comme celle-là, Patrícia, nous sommes les collègues de ton père. Il nous a demandé, il nous a fait confiance et j'espère prendre bien soin de toi.

- Je ne suis pas allée à l'infirmerie.

- Si c'était le cas, je ne penserais pas que c'est mauvais. Peut-être parce que tu ne veux pas d'exclusivité, nous pouvons faire tout cela pour toi. Les chambres individuelles sont réservées à quelques personnes.

Il y avait des fruits, des sucreries et du pain sur le plateau. J'ai pris une poire, elle était délicieuse, je l'ai mangée en un instant. J'ai tout mangé pour goûter. Les fruits sont savoureux, les pains sont moelleux et délicieux.

Mauricio me regardait toujours en souriant. J'ai fini de manger et je l'ai regardé. Je voulais prendre une douche, mais j'avais honte de le dire, ça me semblait si étrange ! Je me suis désincarnée, je me suis nourrie et je voulais prendre une douche.

- Mlle Patrícia - dit mon ami - mets-toi à l'aise. Prends une douche, brosse-toi les dents, utilise les toilettes. Je prends le plateau, je reviens dans une heure. Si tu as besoin d'aide, sonne la cloche.

Je suis allée à la salle de bains et j'ai pris une délicieuse douche. J'ai toujours aimé les bains chauds et l'eau était exactement comme je la voulais. La douche est un peu différente de celles que je connaissais, elle est régulée par un bouton rotatif (les appareils auxquels je fais référence ici ne sont pas des standards généraux. Pour chaque lieu, on utilise les plus pratiques et les plus utiles).

Je me suis lavée de la tête aux pieds. Je portais la même tenue. Je me sentais bien, je me suis coiffée. Mes cheveux longs et ondulés nous ont donné, à ma mère et à moi, beaucoup de travail. « Qu'est-ce que je vais faire maintenant ? », je pensais. Mais, étonnamment, il est resté comme je le voulais.

Mauricio, comme il l'avait promis, est revenu.

—Salut Patrícia !

- Mauricio –, j'ai dit émue –, mes cheveux ont l'air d'avoir l'air de vouloir. Ils semblent obéir à ma volonté.

- Ce sera comme ça, si tu le veux, ta volonté est faite. Tu auras, sans travail, tes cheveux comme tu le souhaites.

Pendant que je me nourrissais, j'avais des besoins physiologiques et c'est pourquoi j'utilisais la salle de bain. Je n'ai plus eu mes menstruations, c'est un facteur du corps de chair. Mais j'ai appris que certaines femmes avaient encore un réflexe corporel (les femmes qui errent dans les Seuils, elles ont plus un réflexe corporel. Beaucoup se trompent et se considèrent comme incarnées et vivent comme telles, avec tous les besoins du corps).

Peu à peu, je dormais moins, je me réveillais affamée, j'avais soif. Je me nourrissais de fruits, de pains et de bouillons ou de soupes de légumes. J'ai vraiment aimé toute la nourriture, tout était très savoureux et énergique. L'eau claire comme du cristal est la plus grande source d'énergie. Grand-mère m'a recommandé que chaque fois que je buvais de l'eau, je pensais que je me nourrissais. Chaque jour, je me suis lavée à l'aise et habillée. Incarnée, j'ai changé de vêtements, puis lavé et repassé. Grand-mère a pris les vêtements que j'ai changés, puis les a ramenés propres et les a mis dans le placard. Plus tard, grand-mère m'a expliquée qu'elle avait pris mes vêtements et, avec sa force mentale, les avait nettoyés en les laissant comme elle le voulait. Quand j'ai appris à nettoyer mon corps à volonté, j'ai aussi appris à nettoyer mes vêtements.

C'était calme et paisible. D'ailleurs, avec tant d'amour, qui ne resterait pas ?

IV
VISITES

J'ai ouvert la fenêtre, quelle belle surprise ! La vue était sur la cour entourée d'arbres et de fleurs. Des oiseaux colorés chantaient joyeusement sur les branches des arbres, et quelques papillons d'une rare beauté volaient distraitement. J'étais enchantée par le ciel, il faisait jour. Dans l'après-midi, le ciel était d'un bleu merveilleux comme jamais auparavant. J'étais tellement distraite que je passais mon temps à tout regarder avec une telle beauté.

– Patrícia – Mauricio m'a appelé à voix basse.

– Salut Mauricio !

– Je t'ai appelée silencieusement de peur de l'effrayer.

– Mauricio, je suis enchantée par tant de beauté. Je n'avais jamais vu un ciel aussi beau !

– C'est la même chose pour les incarnés. Maintenant, tu le vois différemment et tu le trouves plus beau, parce que ta perception visuelle est beaucoup plus grande.

- La Colonie Saint-Sébastien est-elle de la taille de Notre Demeure ? (Notre Demeure est la Colonie spirituelle que l'auteur André Luiz décrit avec beaucoup de charme dans le livre Notre Demeure, psychographié par Francisco Cândido Xavier).

– Non, notre Colonie est petite. Il y a des Colonies petites, moyennes et grandes comme Notre Demeure. Il y a de nombreuses Colonies dans tout le Brésil et dans le monde entier. Ils sont comme les villes des incarnés. Ils diffèrent également dans leur administration, mais ils cherchent à avoir tous les ministères, c'est-à-dire les agences pour mieux les gérer. Pour ta compréhension, ils sont comme des secrétaires dans les villes des incarnés. Toutes les Colonies sont très bien organisées et offrent de merveilleuses attractions pour ceux qui peuvent voir et sentir. Comme j'avais la permission de quitter la chambre, grand-mère m'a emmenée faire une promenade dans la partie ou l'aile de l'hôpital où se trouvait ma chambre. Je voyais tout, des couloirs aux autres chambres, et c'était très agréable d'aller dans la cour. Nous nous sommes assis sur un banc, en regardant tout ce qui était curieux. Les arbres sont sains, beaux, verts, les feuilles s'harmonisent avec tout. Les oiseaux n'ont pas peur de nous, ils viennent à nous quand on les appelle.

- Grand-mère, regarde celle-ci, comme elle est belle ! Elle est bleue ! Tout est plus beau ici, le Soleil, la Lune, les étoiles !

— Notre état d'équilibre influence, rendant tout plus beau. Les animaux d'ici sont aimés, protégés, ils sont amis. Nous avons dans les Colonies des animaux domestiques et beaucoup d'autres qui aident les sauveteurs. Nous avons dans les Colonies des animaux domestiques et beaucoup d'autres qui aident les sauveteurs. Dans le Centre d'Enseignement, il y a beaucoup d'animaux que les enfants aiment. Dans la forêt, il y a plusieurs espèces, toutes dociles et amicales.

J'ai beaucoup aimé les fleurs, il y a beaucoup de vignes en fleur dans la Colonie de nombreuses variétés.

J'ai reçu de nombreux visiteurs, c'étaient des amis, des parents et des travailleurs désincarnés du Centre Spirite dont je faisais partie. C'étaient des visites rapides et agréables, toutes essayaient de me faire plaisir. Ils m'ont apporté des cadeaux : des fruits, des livres, des fleurs, des heures supplémentaires pour que je puisse aller au théâtre, à des conférences et à d'autres lieux de loisirs dès que possible. C'était agréable de rencontrer Antonio, Alejandro, Artur et tant d'amis, de compagnons désincarnés, de travailleurs dans notre Centre Spirite (nous aimons, ma famille et moi, le Centre Spirite que j'ai fréquenté et qu'ils fréquentent. Et nous appelons affectueusement cet endroit « notre »).

Artur m'a apporté une carte de la Colonie. Dans presque toutes les Colonies, il y a ces brochures, qui montrent comment elles sont et où se trouvent leurs bâtiments. Je n'ai tout simplement pas vu ces cartes aux Stations de Secours, car il n'y a pas besoin, parce qu'elles sont petites. J'ai fait une liste des endroits où je voulais aller et de ce que je voulais faire. La liste est devenue énorme. En parlant avec des amis qui ont commenté les beautés des lieux, je les ai notés dans mon cahier. Je voulais surtout connaître les endroits où je voulais apprendre.

- Grand-mère - je l'ai demandé -, et mes grands-parents, je ne les ai pas encore vus ?

- Ils sont incarnés, c'est la loi de la vie, maintenant ici, maintenant là...

J'aimais vraiment être sans corps.

Un après-midi, j'étais seule, j'ai reçu une autre visite.

- Bon après-midi !

Il est entré dans la chambre et m'a offert un cadeau, un nouvel ami habillé en blanc. Souriant, il m'a tendu la main.

—Je suis Antonio Carlos !

- Quel plaisir ! Comment va tante Vera ?

- Tout le monde va bien. Et toi ?

La conversation agréable a duré quelques minutes. Puis elle a dit au revoir et a promis de revenir.

J'ai ouvert le cadeau : à l'intérieur d'une boîte en plastique dur et transparent, il y avait des choses. Je ne l'avais jamais vu. Sans savoir ce que c'était, je me demandais : ce sont des bonbons ? Ils avaient la forme de petits boutons bleus, plus foncés au milieu, plus clairs aux extrémités, avec des petites décorations. J'ai ouvert la boîte. Je les ai examinés, l'odeur était agréable. Je l'ai essayé, j'ai aimé et je l'ai mangé.

Peu après, Mauricio est venu me rencontrer.

- Alors, Patrícia, tu as aimé les fleurs qu'Antônio Carlos t'a donnée ?

- ¿Des fleurs ?! - J'ai répondu en faisant un geste... C'étaient des fleurs ?

- Oui, d'une sorte de rare beauté, magnétisée pour éviter qu'elle ne sèche.

- Qu'en as-tu fait ?

- Je les ai mangés...

- Les as-tu mangés ?

Mauricio rit. Quand il a vu qu'il ne me faisait pas grâce, c'est devenu sérieux. J'ai pensé : et maintenant ? vont-ils me faire du mal ?

- Non - a répondu mon ami, en devinant mes pensées. Les fleurs ne te feront pas de mal. J'imagine qu'Antônio Carlos a passé un certain temps à réfléchir à ce qu'il allait t'apporter, à cueillir les fleurs sur le Plan Supérieur et en les magnétisant. Ils ne te feront pas de mal, mais ils ne sont pas faits pour être mangés. Mais dites-moi, ont-ils bon goût ?

- Oui ! Je n'ai jamais vu de fleurs bleues, alors j'ai pensé qu'elles étaient douces.

J'ai commencé à rire, nous avons ri. J'ai toujours été distraite. Je me suis souvenue que Carla, ma sœur, me criait toujours parce que j'étais distrait. Si elle était là, elle me dirait sûrement « Oh, Patrícia ! »

—Mauricio, je vais bien et je veux être utile, je pense que pour éviter « ces quiproquo » je dois apprendre.

- Calme-toi, ma fille, tu viens de t'évanouir, tout a son moment. Le nouveau-né d'aujourd'hui sera l'homme de demain. Tu quitteras cette chambre et iras vivre chez ta grand-mère pour le moment. Elle sera en congé et restera avec toi pour te montrer la Colonie, ses jardins et ses fleurs. Ensuite, tu apprendras et tu seras utile comme tu le souhaites.

Grand-mère, juste après la visite de Mauricio, elle est venue me voir heureuse.

- Patrícia, demain matin, je viendrai te chercher pour que tu viennes vivre avec moi temporairement. Je vis dans le quartier résidentiel de Colonie, dans une très jolie maison avec cinq amis. Tout est très amical. La maison est grande, chacun de nous a une chambre privée. Cette pièce est un autre endroit où nous gardons nos affaires, un coin privé. Tu n'en auras qu'un pour toi. C'est comme ça : chambre et salle de bain. Nous prendrons tes vêtements. Je peux rester avec toi et t'emmener faire une promenade.

- Grand-mère, tu te plais ici ?

- Beaucoup.

- Vas-tu quitter ton travail pour rester avec moi ?

- Pas tout à fait. Je vais travailler pendant que tu dors, ce seront au moins quelques heures. Mais ce sera le cas pour un temps.

- Grand-mère, que fais-tu dans la vie ?

Je travaille à l'hôpital, ailleurs, là où se trouvent les malades spirituels.

- Merci ! Tout le monde est très gentil avec moi.

Grand-mère a souri en disant au revoir. Quand j'étais seule, papa m'est venu à l'esprit : « Ma fille, ne sois pas en colère pour aucune raison, n'aie pas peur de l'inconnu. Dieu est partout, sentez-le. Reçois avec joie ce qui t'est offert. Le temps passe vite, bientôt tu auras ta maison sur le Plan Spirituel, ton vrai foyer ».

J'ai pris un livre que Mauricio m'avait donné à lire. J'avais presque fini.

Je me suis souvenue que lorsque je me suis désincarnée, je lisais un roman spirite.

J'avais l'impression que ma vie n'avait pas changé du tout, ou qu'elle allait changer ?

V
DÉMÉNAGEMENT

Le lendemain matin, grand-mère est venue me chercher et a fini par m'aider. On a mis mes affaires dans un sac en tissu.

- Allons, Patrícia. Nous irons calmement, afin que tu puisses faire connaissance avec la Colonie.

– Je ne vais dire au revoir à personne, dois-je les remercier ?

- Les amis qui se sont occupés de toi continueront à te voir. Mauricio continuera à t'aider. Tu n'as pas besoin de dire au revoir ou de remercier. Tu aimeras mes amis, ils travaillent tous, ne rentrent à la maison que quelques heures par jour. Ils nous attendent à la maison pour t'accueillir. Notre maison est aussi la tienne et je veux que tu te sentes chez toi. Tu resteras avec nous jusqu'à ce que tu commences ton cours. Dans ce cours, tu apprendras ce que c'est que d'être et de vivre désincarné.

Grand-mère m'a tenu la main et a parlé de manière encourageante. J'ai regardé la pièce pour la dernière fois et nous sommes partis. Les mots de papa résonnaient en moi : « Courage, ne sois pas triste, reçois ce qui t'est offert avec joie. »

Nous avons traversé un autre couloir et sommes allés à la réception. J'ai adoré une belle peinture à l'huile qui ornait un des murs. L'artiste a représenté l'enseignement de Jésus, a essayé de décrire la belle scène du Sermon sur la Montagne. Grand-mère a attendu patiemment quelques minutes que je regarde la peinture. Nous avons quitté le bâtiment. L'hôpital avait plusieurs entrées et était entouré d'un jardin bien entretenu avec des arbres ombragés et de belles fleurs.

Nous avons atteint la rue. Les rues étaient larges, bordées d'arbres et propres. J'ai regardé le ciel, il était beau avec une nuance de bleu que je n'ai pas de mots pour comparer avec celui des incarnés. J'ai pris une longue respiration, je me suis sentie libre et j'ai pensé : si je le pouvais, je voletterai ; le sentiment de liberté était très fort.

- Grand-mère, je ne peux pas voler ? Il semble que je puisse sortir et voler.

- On peut voler quand tu apprends à voleter. Lorsque tu étais incarnée, tu t'es détachée de ton corps pendant ton sommeil et tu as voleté. Tu sais comment faire, tu t'en souviendras. Je t'enseignerai un autre jour.

Quelques fois encore, j'ai respiré de l'air durement. C'est délicieux de respirer un air frais, parfumé et léger.

- Grand-mère, n'est-ce pas étrange de respirer ? Comme tu l'as dit, je vais bientôt voleter, voler, mais en respirant, je sens mon cœur battre.

- Ce n'est pas si étrange. Je pense, Patrícia, que tu en sais beaucoup plus que moi. Lorsque je me suis incarnée, je n'avais pas d'enseignement, je ne comprenais que très peu le Plan Spirituel. Maintenant, ici, j'ai étudié et j'apprends avec joie. Tu sais que, désincarnées, nous sommes couverts par le périsprit. (La substance du périsprit n'est pas la même dans tous les globes ; elle est plus éthérée dans certains que dans d'autres. En passant d'un monde à l'autre, l'esprit se revêt de la matière propre à chacun, plus rapidement que la foudre. Le livre des Esprits). Notre esprit porte encore ce costume, qui est constitué des corpuscules fluidiques de consistance variable. L'impression du corps est forte.

- Je veux apprendre tout ce que je peux !

Nous avons rencontré beaucoup de gens, ils nous ont accueillis avec joie. J'ai compris que la plupart d'entre eux étaient sur le chemin du travail.

Nous nous sommes arrêtées plusieurs fois pour regarder les oiseaux et les fleurs. Dans les rues et les jardins, il y a de nombreux arbres fruitiers. Ils sont de nombreuses espèces. J'en connaissais certains, d'autres seulement de nom, ce sont des arbres du nord, du nord-est et d'autres pays. Dans les Colonies, les invités et les résidents apprennent à respecter la nature, personne ne gâche rien. Les plantes sont bien soignées et leurs fruits sont récoltés au bon moment. Aujourd'hui encore, j'aime voir ces arbres. J'ai appris à connaître toutes les espèces qui existent dans la Colonie et j'ai goûté leurs fruits. Ils sont très savoureux.

Nous nous sommes arrêtées sur une Place Ronde avec de beaux parterres de fleurs et des bancs confortables. Nous nous sommes assises et avons passé un long moment à regarder avec admiration une fontaine en forme de rose, flanquée de beaux poissons qui crachaient de l'eau de leur bouche. La rose et le poisson semblaient être faits de plastique phosphorescent dur. Ils étaient colorés et les couleurs se combinaient harmonieusement. La musique douce vibre sur toute la place.

Grand-mère, me voyant regarder les pierres de la fontaine, a dit avec joie :

– Hier, j'ai entendu une belle conférence, et maintenant, quand je t'ai vu regarder les pierres, je m'en suis souvenue.

« Grand-mère, parle-moi de cette conférence, qu'as-tu entendu d'intéressant ? »

- Je vais essayer d'expliquer avec mes propres mots ce que j'ai trouvé le plus intéressant à propos de ce sage orateur, qui nous a offert un cadeau hier soir. Jésus, dans ses célèbres paraboles, nous raconte les différentes situations et circonstances que l'être humain traverse au cours de sa période d'évolution, pendant son séjour sur le monde terrestre. En parlant de rochers, nous nous souvenons de son enseignement selon lequel l'homme qui a construit la maison sur le rocher est sage. Le vent violent, la tempête de l'esprit et des sens atteignent indistinctement tous les hommes, bons et mauvais. Ces événements touchent l'humanité entière. Jésus a toujours utilisé des symboles physiques pour leur donner une grande signification spirituelle. Le rocher est le symbole de la fermeté et de l'immuabilité, car nous pouvons le casser, le fragmenter, mais sa nature était et sera toujours celle du rocher. L'homme sait-il donc qu'il n'est pas une personnalité éphémère ? Il sait qu'il survit à la vie du corps mortel, qu'il soutient, ou plutôt qu'il profite des tempêtes des intérêts temporels et des désirs de satisfaction matérielle pour solidifier davantage son union avec Dieu. L'esprit a besoin d'un corps pour exister, et ce corps est, selon les mots de Jésus, ta maison. C'est à toi de le transformer jusqu'à ce qu'il soit spiritualité. Dans cette position, ton corps ne sera pas un fardeau pour toi ni une source de conflit. Parce que, si tu deviens spirituel, ton but sera d'aimer et de servir Dieu.

- Comme c'est beau ! J'aurai plaisir à assister aux conférences.

- Vas-y, Patrícia - Grand-mère m'a invitée à continuer.

Je me suis levée et je l'ai suivie. J'y retournerais certainement, car dans un endroit aussi beau et agréable, je pourrais passer toute la journée à contempler.

Bien qu'enchantée par tout ce que j'ai vu, j'ai senti que la Colonie de Cologne était un lieu aimé et connu. J'étais retournée dans la maison éternelle, la vraie.

— Patrícia, il y a le théâtre ; je t'amènerai bientôt le rencontrer. C'est la salle de conférence.

— Salle de conférence ou théâtre ?

- Tu comprendras bientôt qu'ici, tu entendras des termes différents pour un même lieu. Les termes diffèrent ici d'une Colonie à l'autre, comme d'une région à l'autre. Par exemple : toilettes pour salles de bains. Départements et Ministères. Il y a beaucoup des termes, faites simplement attention.

Grand-mère parlait, me disait comment était la maison, le nom de ses amis, etc.

Nous avons traversé une avenue pleine d'arbres, avec des maisons des deux côtés. Toutes les maisons avaient des jardins et de nombreuses fleurs.

- Grand-mère, ce n'est pas le moment pour les plantes de fleurir comme ça. Il y a toujours des fleurs ici ?

— Nous avons des fleurs pour décorer et égayer à tout moment de l'année, nous prenons soin des plantes avec amour. Les résidents s'occupent de leur maison. Ici, ils durent plus longtemps, ils sont nourris par l'esprit de ceux qui les ont plantés.

Elle a souri, m'encourageant. Nous nous sommes arrêtés, devant moi il y avait une très belle maison, entourée d'un petit jardin, avec de nombreuses fleurs dansant dans la douce brise. J'ai souri, j'ai aimé cette maison.

– Entre – dit la grand-mère en me prenant la main.

Nous avons traversé le jardin et un petit espace couvert. Grand-mère a ouvert la porte vitrée. Les résidents étaient dans le salon. Rassemblées, elles attendaient pour nous accueillir. En souriant, elles ont crié leurs noms.

- Bonjour, Patrícia, mets-toi à l'aise.

- Bienvenue, mon enfant, que Dieu nous aide à t'avoir pour longtemps.

Grand-mère n'a pas exagéré, ses amies étaient gentilles et amicales. J'ai regardé la pièce : elle était grande, meublée avec goût, sans exagérer, le mobilier était semblable à celui utilisé par les incarnés. Sofas, canapés, chaises, tables, pots de fleurs, des peintures de bon goût ornent les murs dans des couleurs claires. Lorsque j'ai eu l'air un peu mal à l'aise, grand-mère Amaziles est venue à mon secours :

– Patrícia, tu dois te reposer. Viens voir la maison et ta chambre.

L'immense salle s'ouvrait sur une autre avec une table et plusieurs chaises. Dans cette deuxième pièce, une porte menait à une zone et une autre à un couloir menant aux chambres.

J'ai trouvé les lustres très beaux. Différents et pratiques. Dans les Colonies, les Stations de Secours, quand il fait jour sur Terre pour les incarnés, il fait jour ici. La nuit, nous voyons les étoiles, la Lune, elle aussi est sombre. La Colonie, la nuit, est éclairée par une lumière artificielle, l'énergie utilisée est solaire et provient d'une autre source que les incarnés n'imaginent même pas. Les rues, les avenues, les places sont bien éclairées, aucun poteau n'est utilisé comme pour les incarnés. C'est comme si la Colonie était une chambre et qu'une seule lampe s'illuminait. Les bâtiments ont des chandeliers pour chaque chambre, comme dans les maisons. La luminosité est contrôlée pour une lumière forte, moyenne et faible. Les gens la contrôlent en fonction de leurs besoins. Les nuits dans les Colonies sont d'une rare beauté. La première fois que j'ai vu la Colonie illuminée, j'ai passé des heures à la regarder. Les arbres, les fleurs, tout semble être calme et s'endormir. Il n'y a pas de coins sombres.

- Voici ta chambre ! - grand-mère a déclaré.

Elle a ouvert la troisième porte dans le couloir et voilà ma chambre. J'ai trouvé cela magnifique. Large, grand et avec un délicat lustre à boutons de rose. Il y avait un lit, un placard, un bureau, deux canapés et une porte donnant sur la salle de bains. La décoration était rose clair. Mes yeux étaient fixés sur la fenêtre, ils étaient enchantés de cette merveilleuse surprise.

La fenêtre était ouverte et donnait une belle vue sur le côté droit du jardin. La fenêtre a un délicat auvent de bois clair et il y avait plusieurs vases de violettes, des vases floraux, avec de belles et colorées violettes.

VI
VIOLETTES DANS LA FENÊTRE

Des souvenirs me sont venus à l'esprit. Je me suis souvenue des vases violets de ma mère, qui ornaient les fenêtres de notre cuisine. Elles se ressemblent.

-Et elles le sont ! - dit grand-mère – Anézia a façonné les violettes avec beaucoup d'amour pour toi. Ce sont des répliques de celles qui ornent la cuisine de ta maison terrestre.

– Grand-mère, comment est-ce possible ? - J'ai demandé avec admiration.

- Ta mère t'aime beaucoup et tu lui manques beaucoup. Ce désir est un amour non satisfait par l'absence de l'être aimé. Elle distille continuellement cet amour et ce désir ardent pour toi, elle ne voulait ni n'attendait ta venue. Mais elle s'efforce de ne pas te faire de mal, alors elle canalise son affection et t'offre les fleurs. C'est un moyen qu'elle a trouvé pour vous montrer son amour, c'est une offre continue. Avec notre petite aide, celle de ses amis ici, ces fluides étaient et sont condensés et les voilà : dans de merveilleuses violettes.

-Grand-mère, pourquoi dis-tu mon foyer terrestre ?

- Nous pouvons avoir de nombreuses demeures. Tu es aimée, chaque cœur qui nous aime est comme un foyer pour nous réconforter. Je pourrais dire ex-foyer, mais pour tout le monde, ce sera toujours le tien. Ce n'est pas la maison terrestre qui est ton foyer physique, mais un foyer plein d'amour, où l'on se souvient de toi avec joie, tu es une fille, une sœur, une tante et une amie et non celle que tu étais.

Je me suis approchée des violettes, leur arôme me fortifiait. Ils sont arrivés avec un message : « Patrícia, je te veux heureuse ! Nous t'aimons, je t'aime ! Ne te décourage pas, vis avec joie. Laisse ces violettes décorer l'endroit où tu te trouves, où tu passeras la plupart de ton temps. »

Ces petites fleurs délicates et colorées m'ont accueilli.

Grand-mère m'a laissée seule.

Maman aime beaucoup les fleurs, elle s'en est occupée avec amour. Elle n'aurait pas pu avoir un meilleur cadeau. Pendant quelques minutes, je me suis souvenue d'événements, d'histoires sur les pots, de la façon dont elle a planté et arrosé les fleurs. De son joyeux rire, de son affection particulière.

Je me suis sentie renforcée, j'ai souri joyeusement. L'amour fort et sincère de ma mère m'a accompagnée, me protégeant comme toujours, me donnant courage et joie. L'amour d'une mère est comme un phare qui illumine ses proches et parfume leur existence. J'aimais les violettes, elles ne décoraient pas seulement la fenêtre de ma chambre, mais aussi celle du nouveau monde auquel je faisais face.

Des violettes dans la fenêtre...

VII
THÉÂTRE

Ma nouvelle maison était très agréable, je l'aimais trop. Je suis restée comme la fille et la petite-fille de ces gentilles dames qui étaient des amies de grand-mère. J'aimais offrir des cadeaux, j'étais distrait par des conversations intéressantes. J'ai essayé de lire beaucoup et j'ai fait de longues promenades dans la Colonie. D'après ce que j'avais lu lorsque j'étais incarnée, j'imaginais les Colonies, des endroits merveilleux, mais les voir « en direct » est beaucoup plus excitant. Parfois, j'étais extatique devant une telle beauté. Je n'étais pas allé voir l'autre partie de l'hôpital, où se trouvent les patients les plus nécessiteux.

Je compare la Colonie Saint-Sébastien à une ville de taille moyenne, sans les excès du luxe ou de la pauvreté. Les maisons sont au même niveau, de tailles différentes, toutes ont un jardin et beaucoup de fleurs. Tout est très organisé, ses administrateurs ne visent que le bien commun.

Les visites continueront, les parents, les personnes qui ont bénéficié de mon père, de notre groupe de spirites. J'ai reçu de nombreuses prières, elles me sont venues comme des messages, j'ai reçu des prières de personnes que je ne connaissais même pas. Je retournais chaque prière qui m'était adressée, priant en remerciement de l'affection dont j'étais entourée.

Artur, le compagnon désincarné de mon père, venait toujours me rendre visite, et il me répondait avec joie lorsque je le remerciais.

–Loué soit le Père, qui nous permet de faire le bien pour tout ce que nous avons reçu.

Artur m'a offert une sorte de téléviseur qu'il a installé dans ma chambre. Cet appareil porte ici un autre nom scientifique, mais comme nous connaissons la télévision et qu'elle est relativement similaire, nous l'appellerons ainsi. C'est un appareil plus léger et beaucoup plus équipé, il l'a allumé et syntonisé chez moi. Je pouvais voir tous les membres de ma famille, ils étaient tous bien, mais je trouvais ma mère déprimée et triste. J'étais autorisée à les voir quelques minutes par jour.

- Tout le monde peut-il voir sa famille ici ? - J'ai demandé à Artur.

-Heureusement non, et il y a plusieurs raisons à cela. Tout le monde n'a pas l'équilibre nécessaire pour voir sa famille, tout le monde ne mérite pas ce cadeau.

J'étais reconnaissant dans mon cœur de les voir. Cela a adouci la nostalgie.

Dans chaque foyer, il existe un appareil de ce type, mais il n'est pas syntonisé avec les incarnés. Dans la maison de la grand-mère, il est dans le salon, il transmet les nouvelles de la Colonie, les messages d'aide, du Seuil et d'autres Colonies, du Brésil et du monde. Des nouvelles du Plan Spirituel et les nouvelles les plus importantes du plan physique, mais sans sensationnalisme ni mensonges. Il transmet de belles prières d'invités de sphères supérieures, des pièces de théâtre, des conférences et des présentations de chorales.

Il est très agréable chez grand-mère, tout le monde aime voir le programme proposé par la Colonie.

Grand-mère m'a présenté à Frederico, elle m'a dit que c'était un ami. Il est venu nous rendre visite et m'a offert un beau bouquet de roses colorées.

- Bonjour, Patrícia, dit doucement Frederico, je te connais depuis longtemps. J'espère que tu te sens de plus en plus à l'aise parmi nous.

Je le trouvais beau, il avait l'air jeune, blond aux yeux bleu-vert. J'avais l'impression de le connaître. C'était ce sentiment de « je le connais mais je ne sais pas d'où ». Je me suis sentie à l'aise à ses côtés, nous avons parlé pendant des heures. Il m'a invitée au théâtre. Quand j'étais indécise, il m'a recommandée :

- Patrícia, demande à ta grand-mère si tu peux y aller.

Je n'ai même pas eu à le faire, grand-mère a adoré l'idée. Nous nous sommes mis d'accord sur l'heure, Frederico viendrait me chercher car il ne savait pas encore comment se rendre à certains endroits ici.

Quand il est parti, grand-mère me l'a dit :

- Patrícia, les gens ici sont en harmonie avec cet endroit. Tu n'as pas à craindre qui que ce ne soit ni à te méfier, car tu étais prudent lorsque tu t'es incarnée. C'est pourquoi les Colonies sont silencieuses et ordonnées.

- C'est trop beau ! Tu n'as pas à te méfier ou à avoir peur d'un autre être humain.

J'étais anxieuse, j'attendais le moment d'aller au théâtre, j'étais heureuse de tout savoir. Le théâtre ici n'est que culture, puisque tout dans la Colonie est fait, fait pour le bien de tous.

Frederico a payé pour moi. L'extérieur du bâtiment du théâtre est très beau. Grand, bien structuré, avec de grandes colonnes à l'avant et un toit en forme de V. Il possède trois grandes portes à l'avant, des portes faites d'un matériau similaire au bois sculpté en relief. Elle est peinte en blanc, autour d'elle il y a de belles plantes et fleurs. Entre les colonnes et les portes, il y a une zone d'environ quatre mètres et, pour atteindre cette zone, cinq marches. A l'intérieur, c'est encore plus beau. La salle d'exposition est immense, les sièges confortables, les murs clairs avec de belles peintures qui les rendent magnifiques. La scène est similaire aux salles de spectacle des incarnés, j'ai beaucoup aimée. Plus tard, lorsque j'ai visité d'autres Colonies, j'ai vu d'autres théâtres, avec des salles très différentes. Sur le Plan Spirituel, les Colonies ont leurs variétés. Nous avons assisté à la présentation d'une pièce adaptée, d'un roman spirite, Renonciation, d'Emmanuel, psychographié par Francisco Cândido Xavier, que j'ai lu incarnée.

– Patrícia, il arrive que de nombreuses incarnés soient autorisées à venir, déconnectées par le sommeil, voir des pièces jouées par des groupes désincarnés sur le Plan Spirituel. Les artistes incarnés réalisent déjà des pièces sur le thème de la spiritualité. Cette pièce que nous avons vue, plus ou moins similaire, fera bientôt le bonheur des incarnés. Et, comme celle-ci, de nombreuses autres pièces à thème spirite apparaîtront pour instruire les incarnés. Et ils auront beaucoup de succès. (En fait, ces œuvres ont du succès parmi les incarnés).

Je suis retournée au théâtre de nombreuses fois, au début mes amis m'emmenaient et m'offraient mon billet avec leurs heures supplémentaires. Puis, quand j'ai commencé à travailler, j'étais fier de recevoir mon billet. J'adore quand des groupes de jeunes présentent leurs pièces. Les enfants apprécient également cette activité et sont très performants.

Le théâtre ne donne libre accès qu'à certaines occasions ou pour certaines conférences. Sinon, nous devons avoir des heures supplémentaires pour profiter de ce plaisir.

Au théâtre, il y a de nombreux concerts musicaux, des chorales et des chansons individuelles. Certaines des chansons présentées sont connues par les incarnés, celles qui sont belles, qui parlent d'un thème agréable et bon. D'autres chansons sont inconnues des incarnés, mais connues des habitants de la Colonie.

Le théâtre, ou, comme le disait grand-mère, la salle de présentation, ou la salle de conférence, est également utilisé pour certaines conférences sur des sujets qui intéressent de petits groupes. Lorsque la conférence intéresse tout le monde, elle se tient sur les places.

Pour connaître les activités qui seront présentées au théâtre, il y a un tableau devant avec le programme de la semaine et du mois.

Tu peux également trouver des listes de ces activités dans différents endroits de la Colonie.

Le théâtre est très populaire et tous ses clients réguliers en prennent soin comme s'il s'agissait de leur maison.

J'aime tellement la Colonie que je suis surprise d'apprendre qu'il y a ceux qui ne l'aiment pas ici. J'en ai discuté avec Frederico.

- Frederico, comment peut-il y avoir des gens qui ne se plaisent pas ici.

- Les incarnés et les désincarnés diffèrent grandement par leurs goûts et leurs affinités. Les gens ne changent pas leurs goûts juste parce qu'ils sont décédés. Garde à l'esprit qu'incarnés, certaines personnes aimaient les bars, les bordels, d'autres les temples religieux, les lieux d'étude. D'autres du danger, des lieux bruyants, d'autres de la paix, de la nature. Beaucoup d'incarnés sont indifférents à une belle œuvre d'art, à une musique délicate, à un lit de fleurs, tandis que d'autres aiment la simplicité, ce qui est bon pour l'esprit. Beaucoup de gens pensent que la désincarnation sera merveilleuse ; à leur avis, ils n'ont pas fait le mal, mais ils n'ont pas non plus fait le bien. Je connais de bonnes personnes qui se désincarnent et viennent à la Colonie, visitent tous, trouvent cela beau, mais ils ne veulent pas rester, ils préfèrent s'incarner à nouveau. J'ai entendu parler d'un homme qui a été surpris par la Colonie, c'était comme s'il avait fait un voyage dans un endroit charmant, mais il l'a vu et a voulu revenir. Selon lui, ce n'est pas un endroit où vivre.

- Et alors ?

- Il a dû comprendre qu'il s'était désincarné et ne pouvait pas revenir. On lui a conseillé de s'y habituer, il a été attristé, mais il a fini par s'adapter. D'autres n'aiment vraiment pas ça, ici on ne fume pas, on ne boit pas d'alcool et on ne mange pas de viande. Ils sont là pour apprendre à servir et beaucoup veulent simplement être servis. Tout le monde n'y trouve pas un endroit divin comme vous et moi. Même beaucoup de ses habitants n'ont pas les mêmes goûts. Certains sont enchantés par l'architecture, d'autres par les lieux d'étude, d'autres encore sont émerveillés par les plantes, etc.

- Et toi, mon ami, qu'est-ce que tu préfères ?

— Dans toutes les Colonies que je visite, ce sont les hôpitaux qui attirent mon attention. J'étais médecin dans ma dernière incarnation et j'aime la médecine. Je travaille toujours dans ce domaine.

- Je ne sais toujours pas ce que je préfère, je trouve tout si beau ! Je veux travailler, mais je ne sais toujours pas quoi faire.

— Patrícia, tant qu'il n'y a pas de cosmification (c'est-à-dire la réalisation de soi de l'individu en Dieu ou dans le Cosmos) de l'esprit, la personnalité doit combler son vide d'activités. Les bons construisent, soulagent, grandissent et évoluent, les contraires à l'unité, détruisent, divertissent dans les plaisirs et les sensations négatives, dilapident ce qui appartient à la nature.

Quel dommage de voir les frères trompés dans l'illusion de la matière, aveugles aux vérités spirituelles et si loin de mériter de vivre désincarnés dans un endroit merveilleux comme celui-ci !

VIII
CONNAÎTRE LA COLONIE

Frederico m'a emmenée faire un voyage en aérobus. Ce sont des transports collectifs utilisés sur le Plan Spirituel. Dans presque toutes les Colonies, il y a des aérobus de trois tailles, grands, moyens et petits. Comme je n'ai rien à comparer avec ce moyen de transport spectaculaire, je pourrais dire que c'est un bus mélangé à un avion, sans bruit, sans polluants, confortable et très propre. Il n'a pas d'ailes, il y a certains endroits où les passagers s'arrêtent, descendent et montent. Il existe des aérobus qui ne se déplacent qu'à l'intérieur de la Colonie et d'autres qui vont d'une Colonie à l'autre et de la Colonie à la Terre. Les aérobus ne franchissent pas le Seuil. À de rares exceptions près, ils se rendent dans les Stations de Secours situés dans le Seuil. Il est très confortable, il ne se balance pas, il glisse en douceur près du sol ou à quelques mètres au-dessus. Lors de voyages plus longs, comme pour venir sur Terre, elle glisse dans les airs. Les passagers sont assis dans des sièges confortables. Ceux qui voyagent à travers la Colonie n'ont pas de chauffeur. Lorsqu'ils s'arrêtent, il y a un petit cadre où se trouve un panneau avec un bouton. On appuie sur un bouton pour marquer l'endroit où l'on veut aller, le premier aérobus qui passe, à destination de l'endroit marqué, s'arrête. Les aérobus qui circulent à l'extérieur de la Colonie ont un chauffeur qui, en plus de conduire, aide au travail à faire.

La vue d'en haut de la Colonie est très belle. Planifiées, ses rues et avenues ont un design parfait. Les bâtiments sont harmonieux et tous sont occupés à servir la communauté. J'ai vraiment apprécié la visite.

La Colonie Saint-Sébastien est située dans l'espace spirituel au-dessus de la ville où j'ai vécu incarnée.

Il est étrange que la Colonie porte le nom d'un saint, ai-je demandé à Frederico :

-Frederico, pourquoi la Colonie s'appelle-t-elle Saint-Sébastien ? -Je ne sais pas.

-Patrícia, il y a d'innombrables Colonies partout au Brésil et sur la Terre. Elles sont comme les villes, elles doivent avoir un nom pour qu'on puisse les distinguer plus facilement. Les noms n'ont pas d'importance, ce sont des désignations. Lorsqu'elle a été planifiée il y a quelque temps, ses bienfaiteurs l'ont provisoirement appelée Saint-Sébastien pour ne pas dire Paradis, ce qui pourrait être confondu avec le paradis céleste. Une fois terminé, il s'agissait toujours de Saint-Sébastien. « Saint » est le titre donné au brave guerrier Sébastien. Les bienfaiteurs espèrent que tous les habitants de la Colonie deviendront de courageux guerriers et vainqueurs de leurs défauts et de leurs vices.

J'ai reçu quelques heures supplémentaires en cadeau et des amis ont payé pour moi toutes les heures de distraction et de loisirs. J'ai trouvé cela un peu étrange, cela semblait être un salaire pour être utile, un travail rémunéré. Un jour, quand nous sommes revenus du théâtre, Mauricio et Antonio m'ont accompagné. Je leur ai demandé :

– Quelles sont les heures supplémentaires ?

- Patrícia - explique Mauricio -, la plupart des hommes travaillent pour la stimulation, pour jouir d'un plaisir ou d'une sensation. La plupart ne conçoivent pas encore l'humanité comme une famille. Avec la perte du corps physique due à la désincarnation et afin qu'ils ne perdent pas l'incitation au travail, il est nécessaire qu'ils continuent à recevoir des stimuli de la récompense de leur travail. Cela les amènera plus tard à le faire pour une plus grande cause, par amour. Les esprits supérieurs voient les Colonies comme des lieux de transition et l'heure supplémentaire comme une période d'évolution. C'est pourquoi les stagiaires dans les colonies reçoivent leur rémunération pour les heures supplémentaires.

- Et ceux qui travaillent dur et longtemps comme gouverneurs et instructeurs des Colonies, reçoivent-ils aussi ?

Mauricio continue à clarifier :

- Les instructeurs n'ont plus besoin de récompense pour être bons. Mais pour l'amour de la famille humaine, ils restent dans les Colonies parmi les aspirants, afin de ne pas les rabaisser, afin de ne pas se distinguer, afin de ne pas paraître meilleurs que leurs pairs, ils utilisent les primes pour égaler le niveau des résidents qui sont encore dans les limites de la récompense et de la punition. Tout le monde utilise les heures supplémentaires, il n'y a donc pas de groupes de personnes qui sont protégées et méprisées. Ceux qui travaillent dur et qui peuvent recevoir de nombreuses demandes ne demandent que celles qui sont nécessaires.

J'ai compris que mes collègues ne servaient pas, ne faisaient pas d'heures supplémentaires, ne les utilisaient qu'en cas de nécessité. Ils ont tous deux travaillé dur et par amour. Curieuse, je leur ai demandé à nouveau :

- Y a-t-il dans les Colonies des personnes qui ne travaillent pas et n'ont pas droit à des primes, à des loisirs ?

- Il y en a - répondit calmement Antonio -, mais la scène dans les Colonies pour ces esprits n'est pas longue, et elle ne peut l'être, car les oisifs ne s'accordent pas à leurs vibrations. Fatalement, à la première occasion, ils se réincarnent au milieu d'esprits oisifs où le confort qu'ils avaient et qu'ils n'appréciaient pas leur manquera.

Un endroit que je visite souvent, et que j'aime beaucoup, ce sont les bibliothèques. Ils diffèrent en taille, selon la Colonie. Elles sont plus grandes et plus complètes dans les Colonies d'Enseignement. Il y a aussi des bibliothèques dans les Stations de Secours, mais elles sont plus petites.

La bibliothèque de la Colonie où j'étais est très belle. Les livres sont séparés par des étagères, tous en grand ordre. J'ai été étonnée de ne pas trouver de vieux livres. Les livres sont toujours nouveaux car, comme toutes les visualisations ou matérialisations du Plan Spirituel ou astral sont d'énergie psychique, ils ne vieillissent pas. Il existe des livres écrits uniquement pour les désincarnés qui ne se trouvent que sur le Plan Spirituel. Il existe d'innombrables livres d'étude, de recherche, de religion et les livres spiritualistes sont au centre de l'attention. Une grande partie des livres que les incarnés doivent lire également, principalement des livres spirites.

J'ai cherché un livre et je ne l'ai pas trouvé, m'a gentiment dit la bibliothécaire :

- Patrícia, la Colonie d'Enseignement à ce livre, veux-tu que je te le demande ?

- Oui, s'il vous plaît. Quand puis-je venir le chercher ?

- Eh bien, attends quelques minutes et il sera là.

Grâce à un dispositif similaire au télécopieur moderne, il a passé la commande et dix minutes plus tard, à l'aide du même dispositif, il a reçu le livre qu'il voulait.

- Mince alors ! - Je me suis exclamée avec admiration.

- N'est-ce pas merveilleux ? - le bibliothécaire a déclaré avec enthousiasme. Nous avons beaucoup de ressources, nous avons reçu le livre par désintégration et agglutination. Je ne doute pas que dans quelques années, les incarnés auront ce confort.

Super, ce sont les livres qu'on peut mettre à la télévision, l'écriture apparaît à l'écran et on lit page par page, grâce à un petit appareil adapté à l'écran. Je ne peux pas le comparer au magnétoscope, c'est différent. C'est agréable de lire à la télévision.

À côté de la bibliothèque se trouvent les salles vidéo, également appelées salles d'enseignement informatique ou salles de télévision, et elles peuvent être connues sous d'autres noms également (il n'est pas facile de décrire ces salles pour les incarnés, je raconte en faisant des comparaisons).

Il s'agit d'un immense hangar divisé en chambres, selon le sujet à diffuser. Ce sont des lieux confortables et agréables. Dans chacune des salles, il y a plusieurs ordinateurs performants qui peuvent être connectés par télécommande. Devant chaque appareil, il y a dix très beaux et confortables sièges. Les écrans sont de taille variable. Si nous voulons voir ou apprendre un sujet individuellement, nous réglons l'écran sur une petite taille, il ressemble à une télévision de vingt pouces. Si c'est pour un groupe, nous nous adaptons à la taille moyenne. Si c'est pour beaucoup de gens, pour la grande taille, qui va de deux à cinq mètres. Les chambres ne sont pas si hautes, elles ne font que trois mètres et demi. Ces appareils peuvent être déplacés, si nécessaire pour une projection plus importante.

Il y a plusieurs pièces à thèmes marqués à la porte d'entrée. Les sujets d'enseignement portent sur les Colonies, le périsprit, la chimie, la physique, la Terre, les planètes, etc. Une salle intéressante est celle des religions et de la Bible.

Lorsque nous nous rendons dans l'une de ces salles, nous choisissons un sujet de recherche. Exemple : l'œil humain. Nous pouvons choisir le calendrier : facile, explicatif ou complet. En bref, lorsque nous choisissons le plus simple, les explications de base sur l'œil apparaissent à l'écran. Il est raconté avec quelques parties écrites, l'œil est dessiné dans tous ses angles. Si l'enquête est individuelle, les écouteurs sont mis de manière à ne pas déranger les autres chercheurs. Si tu choisisses l'explication, la recherche apparaît avec beaucoup plus de données. La troisième phase, la plus complète, la plus difficile, est l'affaire des professionnels. Tout est très éclairant. Et, si pour une raison quelconque la recherche n'était pas comprise, on trouve toujours dans ces salles académiques, des professeurs qui sont heureux de guider et d'enseigner.

Il y a de la place pour la distraction qui a des caricatures, les bons films, certains vus par les incarnés, d'autres réalisés par les désincarnés, sont de belles histoires qui instruisent et divertissent. Il y a une salle de jeux électroniques, ils sont destinés aux loisirs. Les surveillants de ces salles essaient d'éclairer les personnes qui fréquentent la salle de jeux, car ces jeux ont pour but d'éduquer et de distraire et non de générer des excès. Toutes les dépendances sont combattues.

En comparaison, on peut dire que ces salles sont un mélange de cinéma et de télévision ordinateurs perfectionnés.

Nous n'utilisons tout simplement pas le temps supplémentaire pour entrer dans ces salles lorsque nous faisons des recherches ou des études. Les élèves y sont très présents.

Presque toutes les Colonies ont ces salles, je ne les ai pas vues dans les Stations de Secours. Dans les Colonies d'Enseignement, ils sont assez nombreux et leurs sujets sont innombrables.

J'ai aimé ça et j'aime beaucoup faire des recherches dans ces salles. Ayant connu le cinéma, la télévision et l'ordinateur incarnée, j'ai adoré cette technologie. Mais ce que j'ai le plus aimé, c'est d'utiliser ce procédé pour voir, pour connaître les œuvres d'Allan Kardec. Nous voyons des images de lui et de son équipe incarnée et désincarnée travaillant sur chaque œuvre. Allan Kardec étudie, fait des recherches et est guidé par les bienfaiteurs qui l'ont aidé. Voir St Louis, St Augustin et tant d'autres m'a fascinée. Quel fantastique esprit Allan Kardec ! Je me suis souvent rendue dans ces salles pour tout savoir sur lui et sur ses œuvres admirables. C'est l'un des sujets les plus vus, principalement par ceux qui ont eu la chance d'être des spirites lorsqu'ils sont incarnés ou ont connu sa grande littérature.

Je m'émerveille de tout cela. En fin de compte, qui n'aime pas ou aimerait avoir toutes ces facilités ?

IX
VOLETER

J'ai toujours eu des nouvelles de ma maison, des membres de ma famille. J'ai continué à recevoir de nombreuses prières, des encouragements, des bons souhaits et que je m'adapterais bientôt à la vie spirituelle. Des amis m'écrivaient, donnant des nouvelles à ma famille, par l'intermédiaire de la psychographie et de tante Vera.

J'étais heureuse quand Mauricio a dit :

- Mlle Patrícia, écris un mot à ta mère que je transmettrai à ta tante.

Heureuse, j'ai fait le mot pour les remercier de leur affection, leur dire que j'allais bien et leur envoyer mes salutations.

Puis, j'ai commencé à écrire et un de mes amis l'a transmis à tante Vera. J'étais calme, la désincarnation n'a pas fait beaucoup de différence pour moi, à aucun moment je ne me suis sentie séparée de la mienne. J'ai compris que je ne perdais pas mon individualité, je suis restée la même, mon amour pour la famille était le même que toujours. Nous ne pouvons pas séparer notre vie, c'est un tout, être incarné ou désincarné sont des phases. J'ai reçu beaucoup, j'ai aussi compris que nous avons hérité de nous-mêmes. La réaction dépend de l'action.

- Patrícia - grand-mère m'a appelée -, viens dans la salle, je te donnerai les premières leçons à voletage.

Je suis allée rapidement. Dans le salon, il y avait trois des résidents de la maison qui m'ont encouragée.

- C'est facile ! - Tu sais, tu es sortie du corps incarné pendant que tu dormais. Il s'agit seulement d'affirmer la pensée et la volonté.

- Voleter - disait grand-mère comme si elle l'avait mémorisé - c'est voltiger, voler, se déplacer dans les airs à volonté.

Grand-mère m'a pris par le bras et Mme Amélia par l'autre et m'a appris à donner l'impulsion. Nous avons essayé plusieurs fois jusqu'à ce que je donne l'impulsion seul et que je me lève à un mètre du sol. Il est plus facile de pousser verticalement et de rester ensuite à l'horizontale. Je suis restée immobile. Une fois de plus, j'ai été aidée par ces deux personnes qui me poussaient lentement. Ils m'ont encouragée avec joie. Et ce n'était vraiment pas difficile, alors j'étais au milieu du salon, voletant lentement d'un côté à l'autre.

- Tant que tu n'as pas vraiment appris, ne te laisse pas distraire - recommande grand-mère. - Voleter, c'est comme apprendre à marcher quand on est dans son corps, à faire du vélo ou à nager. Une fois que tu as appris à maîtriser, tu le fais automatiquement.

Je savais ce que c'était que de voleter, j'avais lu à ce sujet dans plusieurs livres spirites. Le sentiment que j'avais était celui de voler. C'est vraiment agréable et bon de voleter. Je savais aussi que les esprits désincarnés traversent les murs, les portes, etc.

J'ai donné une forte impulsion et je suis allée vers le mur, j'ai entendu grand-mère :

Non ! Patrícia, non !

Boom... Je me suis frappée la tête contre le mur et je suis tombée en m'asseyant sur le sol. Mes amis ont couru et m'ont entourée, personne n'a ri. Je les ai regardés et j'ai fini par rire. C'était une grande chute. Je me suis levée et j'ai voulu savoir.

– Eh, grand-mère, pourquoi je n'ai pas pu passer à travers le mur ?

- Patrícia, tu ne peux passer que quand tu sais. Tu as lu que les personnes désincarnées passent par des murs, des portes, mais des constructions de matière, c'est-à-dire des maisons des incarnés. Malgré tout, ceux qui savent. Ceux qui sont conscients de leur état désincarné et qui ont appris.

– Seules les bonnes personnes le savent ? - J'ai demandé

- Non, les méchants le savent aussi et utilisent beaucoup ce savoir. La connaissance dépend de notre volonté, du libre arbitre, et nous le pouvons tous. Les bons en savent plus parce qu'ils ont plus de personnes qui leur enseignent et plus d'intérêt pour l'apprentissage. Le bâtiment de la Colonie n'est pas comme le bâtiment des incarnés. La Colonie est une projection mentale. Pour ta compréhension, il est fait de matière subtile comme celle de notre périsprit, comme ce corps que nous possédons maintenant. Certes, il y a ceux qui savent traverser cette matière subtile, les frères supérieurs et inférieurs. Bien que nos frères supérieurs, je les désigne pour que tu comprennes, plus ils sont harmonisés avec le Cosmos, plus leur puissance mentale est grande. Pour surmonter une barrière mentale, il ne faut pas douter du pouvoir de le faire.

J'ai vu un instructeur le faire. Il a conçu un passage et l'a traversé. Tu n'as pas entendu, lorsque tu t'es incarnée, que dans les Centres Spirites, pour un certain secours, les frères désincarnés sont confinés dans un seul endroit, jusqu'à ce qu'ils puissent être orientés ? Dans de nombreux Centres Spirites, les bienfaiteurs projettent cette énergie mentale en même temps que la construction matérielle. Par conséquent, les personnes incarnées et désincarnées ne peuvent entrer et sortir que par la porte. Ces projections sont également réalisées à certains endroits et pendant un certain temps afin d'éviter les attaques de l'obscurité. Ils ne passent que par ceux qui savent et qui réussissent. Peut-être, si tu le souhaites, l'apprends-tu à l'avenir.

Je n'ai pas vraiment vu quelqu'un entrer dans notre maison ou ailleurs dans la Colonie en volant. Ils sont tous entrés et sortis tranquillement par la porte, l'ouvrant et la fermant.

J'ai trouvé ça drôle que je sois tombée et je trouve encore ça drôle quand je m'en souviens.

Des années plus tard, j'apprenais à mon cousin à voleter et je me suis souvenue de ce fait.

J'ai décidé de jouer avec lui.

- Allez, Rodolfito, allez ! C'est ça ! Vas-y !

Je suis allée vers le mur et j'ai lâché prise. J'ai arrêté de rire. Je pensais, comme moi, qu'elle allait se cogner la tête. Mais Rodolfito ne savait pas que les personnes désincarnées traversaient les murs, il n'était pas venu comme moi avec la connaissance du Plan Spirituel.

Il s'est dirigé vers le mur, l'a touché de la main, a tourné la tête et a demandé :

- Patrícia, que dois-je faire maintenant ?

- Retourne et viens - j'ai dit un peu déçu.

J'ai appris en quelques leçons à me promener dans la maison, à travers notre jardin. J'ai pensé à voleter, j'ai stabilisé mes pensées, j'ai grimpé à plusieurs mètres du sol et je suis allée où je voulais.

Grand-mère m'a emmenée sur le terrain ou dans la cour de l'école, où les instructeurs enseignent à voleter. J'étais tout heureuse.

L'école est très grande, elle a plusieurs zones et de nombreux bâtiments. Il est très beau et agréable, entouré d'arbres et de nombreux parterres de fleurs.

La cour est grande, en partie couverte d'herbe, en partie flanquée de beaux carreaux gris clair, autour d'elle se trouvent des bancs et des fleurs. À Colonie Saint-Sébastien, ce domaine est divisé en deux zones. Dans une partie, les débutants apprennent à voleter, dans l'autre, à se nourrir par la respiration.

On peut entendre de la musique douce et agréable dans la Colonie. Dans les cours, le son est plus fort, mais pas moins agréable. La musique douce détend et encourage le travail et l'apprentissage.

J'étais ravie, admirant tout ce qui était curieux. Dans la partie du terrain de voletage, il y avait cinq instructeurs. Chacun d'entre eux est accompagné d'un petit groupe de stagiaires. Le premier groupe, dont nous étions proches, comptait des personnes désincarnées qui ne donnaient pas de fouge. L'instructeur a essayé avec amour de les aider, mais ils semblaient avoir peur. J'ai demandé à grand-mère :

- Pourquoi ne veulent-ils même pas se pousser ? N'aiment-ils pas voleter ?

- Peut-être doutent-ils qu'ils y parviennent. Patrícia, tout le monde n'apprend pas facilement ou n'aime pas apprendre. Je connais beaucoup de personnes désincarnées ici à la Colonie qui ne savent pas pourquoi elles ne veulent pas apprendre.

- Vont-ils réussir ?

-Le fait qu'ils soient ici est dû à leur volonté d'apprendre. Beaucoup d'entre eux, ne le savaient pas lorsqu'ils étaient incarnés, et maintenant qu'ils sont désincarnés, cela leur semble très étrange, ce qui est pire, ils doutent. Mais qui veut, peut apprendre.

Grand-mère m'a inscrite au cours. Tout est bien organisé, il y a un jour et une heure prévus.

J'ai été présentée au premier instructeur qui m'a demandée.

Patrícia, tu t'y connais en matière de voletage ?

- Oui, je le fais.

- Super.

Il m'a tenue les mains et m'a poussée, je suis partie tranquillement pour réfléchir.

– Oh ! Tu devrais passer au troisième niveau.

-Le cours comporte cinq niveaux, chaque niveau ayant un instructeur. Comme j'avais déjà appris les bases, je suis passée au troisième niveau. J'ai reçu une brochure pour apprendre à la voleter. C'est bien organisé. J'ai appris rapidement, dans certaines leçons, j'ai terminé le cours et j'ai pu voleter. La voletage peut se faire de plusieurs façons : lentement, vite, très vite, verticalement et horizontalement. Lentement, c'est comme marcher, seulement au-dessus du sol. À Colonie, il y a peu de circulation, il est plus courant de se promener dans ses rues, ses avenues et ses places. Nous nous retournons généralement lentement. Vite, quand il y a plus de précipitation ; et très vite, se dématérialiser pour se matérialiser ailleurs, ce qui est la dernière chose que nous ayons apprise. On voyage ainsi sur de longues distances, par exemple pour se rendre d'un point à un autre sur Terre, en quelques secondes. Verticalement, on l'utilise pour les déplacements rapides. Horizontalement, quand on veut profiter du paysage.

Les enfants et les jeunes apprennent à voleter dans les cours du Centre d'Enseignement.

Le corps périspirituel est plus dense, plus la personnalité se confond avec le corps animal, se déconnectant de l'apparence animale, il est là où on veut être, car il est cosmifié.

Voleter est le privilège des désincarnés (Certainement, les incarnés volettent quand leurs corps physiques dorment en se dédoublant. Mais le sentiment le plus agréable n'est que pour les désincarnés qui savent) Ah, quel grand et merveilleux privilège !

X
APPRENDRE À SE NOURRIR

Grand-mère est retournée au travail comme avant, et pendant son temps libre, elle marchait avec moi. Elle aime vraiment son travail. J'ai beaucoup marché et je suis allée plusieurs fois à la Place Ronde. J'ai beaucoup parlé et je me suis faite beaucoup d'amis. C'est à la Place Ronde que j'ai rencontré Ana. Elle marchait aussi. Nous avons commencé à parler et nous avons réalisé que nous avions de nombreuses affinités et qu'une amitié sincère nous unissait.

- De quoi t'es-tu désincarnée ? Comment t'es-tu désincarnée ?

Cette question est très souvent posée ici. On commence à parler et bientôt le sujet de la désincarnation se pose, voulant savoir comment le corps de chair est mort. Mauricio m'a expliqué que ces questions concernent plutôt les novices qui sont encore préoccupés par leur désincarnation et qui veulent savoir comment était l'autre.

J'ai parlé à Ana de ma désincarnation et elle m'a raconté la sienne.

- Je suis désincarnée depuis des décennies maintenant. Mon corps s'est flétri à cause de la tuberculose.

Elle s'est désincarnée jeune, à dix-sept ans. Elle est intelligente, très instruite et aime apprendre. Nous avons passé des heures à discuter. Elle m'a invité à lui rendre visite au travail et à la maison. Ana vit au Centre d'Enseignement.

Nous sommes allés là-bas, Frederico et moi, pour lui rendre visite. Frederico, chaque fois que cela était possible, m'accompagnait dans les visites de la Colonie, m'éclairant toujours sur les lieux et leurs fonctions.

- Patrícia, - a dit mon ami, - pour travailler au Centre d'Enseignement, il faut beaucoup d'apprentissage et de dévouement. Habituellement, ces instructeurs ont une longue période de désincarnation et connaissent bien l'âme humaine. Pour être utile avec sagesse, il faut savoir.

Ana est venue nous recevoir, plus heureuse que jamais. Elle a son coin, sa chambre, ou même son espace, comme disent certains jeunes, lorsqu'ils font référence au lieu où ils vivent, ou leur maison comme ils disent, dans la zone résidentielle, réservée aux travailleurs du Centre d'Enseignement. Le logement de ces travailleurs est très beau. Ils peuvent vivre dans ce Centre d'Enseignement, dans des maisons ou dans des logements. Je fais référence au Centre d'Enseignement de cette Colonie, car plus tard j'ai vu, dans d'autres Colonies, d'autres formes de résidence. Les maisons sont semblables à celles de la grand-mère, où vivent les professeurs et les élèves, qui ne dépassent pas dix personnes. Les hébergements sont nombreux et courants dans les écoles. Ce sont de longs hangars, avec plusieurs portes, qui mènent à la chambre ou à la pièce. C'est une beauté ! Ana vit dans le logement. Sa maison est une pièce décorée avec goût. Elle n'a pas de lit, Ana n'a plus besoin de dormir. C'est un coin à elle pour recevoir des amis, lire, être seul. C'est là qu'elle a quelques affaires. De beaux tableaux, des pots, une photo de famille et un piano. La couleur bleu clair prédomine dans sa décoration de bon goût. Nous avons parlé de manière animée et Ana nous a présenté de belles chansons qu'elle a jouées au piano.

Puis il nous a emmenés voir son travail. Ana s'occupe de sept enfants, de trois et quatre ans. Les enfants étaient dans le parc. Quand ils l'ont vue, ils ont couru pour l'embrasser. Ils l'aiment beaucoup et Ana les aime.

Ana devait être laide en chair. En d'autres termes, elle n'avait pas un beau physique. Mais désincarnée est la beauté intérieure qui envahit. Son sourire est doux, son regard est gentil. Pour ses petits, il n'y a pas de plus grande beauté. Pour moi, Anna est merveilleuse.

Frederico m'a ensuite expliqué que nous sommes ce que nous aspirons à être. La belle apparence extérieure peut également être façonnée par des esprits liés à la beauté physique.

Comme il est bon de se faire des amis, d'avoir des amis.

Au Centre d'Enseignement, on entend beaucoup de musique, c'est un endroit très joyeux. La joie est recommandée à tous les visiteurs. Les enfants jouent avec de nombreux animaux, ce sont des animaux domestiques dociles, comme les oiseaux, les chats, les chiens, les écureuils, etc. De nombreux parcs et fleurs avec des jouets de différentes espèces pour les enfants et des aires de jeux pour les jeunes. Ana a servi d'hôtesse, montrant l'ensemble du Centre d'Enseignement, en particulier la chambre des enfants. Le Centre d'Enseignement est une beauté ! Bien planifiée, visant le bien-être des jeunes et des désincarnés, leur offrant joie et apprentissage. Je n'ai vu aucune tristesse, les enfants s'adaptent généralement facilement ici. C'était un beau voyage. J'ai adoré le travail et le dévouement d'Ana qui, consacrant quelques heures à son temps libre, travaille tout le temps en prenant soin de chaque enfant comme un fils, un frère cher.

- Ana – j'ai demandé - les enfants ne s'ennuient-ils pas de leur maison, de leur famille ?

- Certes, et en fonction de leur âge, certains les ressentent plus que d'autres. Les petits ne manquent pas, ceux qui comprennent ressentent, oui. Alors, Patrícia, la recommandation ici est la joie. Tous ceux d'entre nous qui servent ici font l'impossible pour aider nos refuges. Lorsque la famille incarnée comprend, accepte la désincarnation, tout devient plus facile. Mais s'ils deviennent désespérés, appellent, ressentent, pleurent, ils ont besoin de plus d'amour de notre part.

- Ne veulent-ils pas ce qu'ils aimaient lorsqu'ils étaient incarnés, comme des bonbons et des glaces ?

- Bien sûr, ils ne changent pas de goût juste parce qu'ils se sont désincarnés. Le Centre d'Enseignement est bien, mais l'ordre y règne. Tout le monde dans la Colonie est invité à s'instruire. La discipline avec l'amour éduque. Nous essayons de les servir dans la bonne limite. Beaucoup veulent un jouet préféré, c'est facile, les instructeurs le moulent et ils ont leur jouet. Les sucreries et les glaces sont distribuées, mais dans la bonne mesure, afin qu'ils apprennent que nous devons manger des aliments sains, tous équilibrés.

- Et les jeunes aussi ? Beaucoup ont aimé les boissons gazeuses, peuvent-ils les avoir ici ?

- Patrícia, tu veux quelque chose ? Tu veux une boisson ici ?

- Non.

- C'est comme ça pour la plupart d'entre eux. La volonté est dans le désir. Et nous devons éduquer notre volonté. Si un jeune veut, il peut prendre sa boisson, mais jamais de boissons alcoolisées. Nous essayons, surtout pour les nouveaux arrivants, de faire de notre mieux pour qu'ils se sentent bien. Mais le Centre d'Enseignement à des règles à suivre, pour le bien-être de tous. La plupart sont ravis de l'émerveillement du Centre d'Enseignement, ils sont satisfaits de ce qu'il a à offrir.

- Les enfants et les jeunes apprennent-ils à se nourrir de l'atmosphère ?

- Les enfants ont l'habitude d'être ici temporairement. Ils apprennent au fur et à mesure qu'ils en sont capables. Nous sommes nombreux à ne manger que de cette façon. Les jeunes apprécient cet apprentissage plus

Après une pause, Ana a poursuivi sa précieuse leçon :

-L'alimentation des adultes est plus un exercice de plaisir qu'un exercice de nutrition. Toutes nos dépendances sont des besoins modérés du corps dont nous profitons pour avoir des sensations et des plaisirs. L'enfant ne cherche de la nourriture que lorsque c'est nécessaire. Il n'a pas encore déformé ses besoins, et comme dans l'astral il n'y a pas de perte d'énergie, il n'y a pas de recherche de nourriture.

C'était une belle promenade et une grande leçon apprise lors de ma visite au Centre d'Enseignement.

Je regarde toujours ma famille à la télévision, c'est très agréable. Je voulais, je souhaitais qu'ils aillent bien. Je n'ai pas eu de sentiments négatifs de leur part, juste des encouragements. Si, par moments, je ressentais une légère tristesse, je repoussais ce sentiment, je ne voulais pas me décourager. Dans ces rares moments, je m'approchais de mes violettes, qui étaient toujours belles et fleuries. Je me sentais renouvelée, c'était comme si l'amour de ma mère me tenait avec la force de l'affection de mon père.

J'ai continué à recevoir des visiteurs, mais j'aimais parler avec des jeunes ou des gens comme moi qui avaient désincarné des jeunes, c'était plus agréable. Peut-être parce que les conversations sont généralement plus liées. Je me suis faite plusieurs amis parmi les jeunes. Nous allons dans des endroits ensemble et nous nous réunissons pour écouter de la musique.

J'ai remarqué que Mauricio ne buvait même pas d'eau. Je lui ai demandé

- Mauricio, comment te nourris-tu ?

- Je puise les énergies dont j'ai besoin dans le soleil, l'air et la nature.

- Serai-je un jour comme toi ?

- Si tu veux, essaie de le faire. Je n'ai même pas besoin de manger ou de boire de l'eau lors des excursions, je travaille avec les nécessiteux. Garde à l'esprit, Patrícia, que les habitants de la Colonie ne sont pas les mêmes. Il y a ceux qui en ont besoin, ceux qui veulent être soignés, ceux qui, même s'ils sont guéris, travaillent par obligation. Il y a ceux qui servent volontairement, mais qui se sentent à l'aise, bien comme ils sont, pour beaucoup c'est un paradis de rêve. Et il y a ceux qui profitent des occasions d'apprendre, en servant avec précision. Tu as le libre arbitre de t'arrêter, de rester tel que tu es ou de progresser, d'être comme beaucoup, autonome, qui n'ont pas besoin de dormir, de manger, qui sont pleinement conscients de leur existence spirituelle. Peu importe que nous soyons incarnés ou désincarnés, nous devons grandir, progresser, mettre en pratique ce que nous apprenons. Nous devons l'être, et maintenant, dans le présent, beaucoup de personnes incarnées disent qu'elles ne croient pas en la réincarnation, parce que Jésus ne l'a pas dit plus clairement et plus fréquemment. Ce que notre Maître principal nous a clairement enseigné, c'est que nous devons être meilleurs, devenir bons dans le présent. Comment la réincarnation peut-elle être importante pour un esprit, si elle laisse toujours pour le futur ce qui doit être fait dans le présent ?

- Je serai comme toi !

Juste après avoir appris à voleter, j'ai commencé à apprendre à me nourrir en absorbant les principes vitaux de l'atmosphère.

Je me suis inscrite au cours, j'ai commencé à y aller tous les jours sur rendez-vous, pendant une heure.

Dans ce cours, les instructeurs cherchent à faire prendre conscience à leurs élèves qu'ils vivent réellement dans un corps subtil et qu'ils sont désincarnés. On commence par apprendre des exercices de respiration, dont certains sont similaires au yoga. Je dis quelque chose de similaire parce que personne ici ne fait référence à cette science de la respiration. Je mets l'accent sur ce point parce que je connaissais certains de ces exercices quand j'étais incarnée. On apprend en faisant de l'exercice, puis on le fait automatiquement, uniquement avec de la volonté. Mon instructeur nous a dit que nous commencerions à apprendre des exercices, mais qu'il est nécessaire de comprendre notre affinité cosmique. Le Père soutient tout le monde. Nous pouvons absorber l'énergie de l'air, du soleil ou simplement du Cosmos.

Au fur et à mesure que nous apprenons, nous passons à une classe plus avancée, jusqu'à ce que nous ayons terminé le cours. Lorsque nous réalisons que nous voulons apprendre, tout devient plus facile.

La cour est très agréable, en plein air et entourée de plantes. De nombreuses idées et expériences sont échangées dans ce cours. Les instructeurs sont des esprits bien informés et expérimentés, toujours prêts à aider. Il y a de nombreux horaires de cours par jour, mais la cour est toujours ouverte à tous ceux qui veulent s'y rendre pour faire de l'exercice. Il est très fréquenté, beaucoup aiment faire de l'exercice et d'autres aiment renouveler leur apprentissage.

Dans ce cours, j'ai très bien réussi, peu à peu j'ai commencé à vivre comme toute personne désincarnée devrait vivre, mais peu à peu. Il m'a fallu plus de temps pour le terminer.

Je ne me souciais plus de mon apparence. Mes cheveux avaient l'air d'être ce que je voulais. Je ne me changeais plus comme au début et je perdais l'envie de me laver, de me brosser les dents et même de manger. Mais je me nourrissais quand même une fois par jour. Je me suis nourrie de fruits, de bouillons aux herbes, de sucreries, de pains, tous à base de légumes. Les animaux ne sont pas tués pour la nourriture. J'aimais beaucoup boire de l'eau. L'eau est différente, cristalline, fluidifiante et énergique. Habituellement, les habitants des Colonies boivent toujours de l'eau.

Chez grand-mère, elle et ses amis mangent très peu, seulement après des activités qui demandent beaucoup d'énergie, quand ils reviennent de la côte, du Seuil ou des pièces où se trouvent les nécessiteux. Mangeant peu, ils utilisent rarement la salle de bain et se baignent rarement, peut-être plus pour profiter de l'eau qui leur tombe dessus.

C'est à cette époque que j'ai appris les exercices de la science de la respiration, que j'ai commencé à me nourrir en absorbant les principes vitaux de l'atmosphère, que j'ai aussi appris à maîtriser ma volonté et à l'utiliser pour mon bien-être.

Je n'ai pas ressenti de douleur ou d'inconfort, je n'ai plus eu froid. Mauricio m'avait expliquée que je devrais apprendre à observer mon propre moi intérieur. Parce qu'agir de manière égoïste nous met très mal à l'aise.

Je dormais de moins en moins, je ne ressentais plus le besoin de dormir comme avant et je n'avais pas besoin de me nourrir. J'ai beaucoup aimé, parce qu'avec ce genre de nourriture qui commençait à me nourrir, j'avais à peine besoin d'aller aux toilettes. Ainsi, sans plus me nourrir, la salle de bain est une pièce inutile.

Tout le monde n'apprend pas à voleter et à se nourrir dans les cours, il y a d'autres façons d'apprendre, comme la lecture, la recherche des vidéos, ou avec quelqu'un qui sait comment enseigner. Mais, en suivant ces cours, c'est beaucoup plus facile, tu peux apprendre exactement et en moins de temps.

Il est très agréable de prendre conscience et de vivre comme une personne désincarnée.

XI
RÉCIT DES TROIS AMIES

Pendant les heures de loisir, il est de coutume de rendre visite aux amis et à la famille. Nous aimons nous réunir et discuter. Le sujet préféré des membres de la famille est la famille. Nous parlons des proches désincarnés qui ne sont pas en bonne santé et des parents incarnés. Des idées et de l'aide sont échangées. Chez grand-mère, nous recevons beaucoup de visiteurs et, comme j'étais toujours là, lorsque j'étais invitée, je restais pour écouter les conversations, pour participer, avec cela, j'ai beaucoup appris.

Mme Amélia, une des dames qui vivaient avec nous, a reçu la visite de sa petite-fille Marina et de son amie Isa, qui vivait dans une autre Colonie. Nous avons parlé de manière animée et, comme c'est presque toujours le cas, la conversation a porté sur la désincarnation. Mme Amélia a été la première à parler de sa désincarnation.

- La mort de mon corps a été très douloureuse. Le cancer détruisait mon corps. Je me suis rebellée contre tout et contre tous, je suis devenue un patient amer. Très affaibli, mon corps est mort, je n'ai rien vu ni senti, je ne l'ai réalisé que quelque temps après. J'ai continué à souffrir dans ma désincarnation. J'ai marché dans la douleur dans mon ancienne maison. J'ai beaucoup souffert. Après de nombreuses années, j'ai été secouru. J'ai compris que tout ce que j'ai vécu était mérité. Quand j'étais incarnée et en bonne santé, je ne l'appréciais pas, je buvais toujours de l'alcool, je fumais, j'empoisonnais mon corps avec l'égoïsme, l'envie et la jalousie. Si je n'ai fait de mal à personne, je n'ai fait que peu de bien. Le bien que j'ai fait, c'est le peu d'aumônes que j'ai données, le superflu que j'ai distribué. Je n'ai jamais vraiment pensé à aider qui que ce soit. J'ai vécu incarnée, accumulant les choses matérielles, comme une folle imprudente, ignorant la partie réelle, la partie spirituelle. La douleur, la maladie, tout cela était un moyen que j'avais choisi avant la réincarnation, pour me mettre en alerte, mais j'étais bouleversée, je souffrais sans résignation. Celui qui ne souffre pas avec l'acceptation, est de peu d'utilité. Puis, au lieu de reconnaître mes erreurs, je me suis rebellée, trouvant cela injuste, pour n'avoir rien fait de mal de mon point de vue, je n'ai pas tué, je n'ai pas violé, je n'ai pas trahi, etc. Oubliant que je pouvais faire le bien et que je ne l'ai pas fait. Je ne voulais même pas apprendre. À quoi bon savoir ? J'ai toujours dit qu'après ma mort, j'apprends. C'est-à-dire, si la vie continue. Oui, j'ai continué à exister après la mort de mon corps. Et j'ai continué à souffrir pour les mêmes raisons. Jusqu'à ce que, fatiguée, je commence à voir vraiment mes addictions. Plus humblement, j'ai crié et demandé de l'aide. Mes amis et ma famille m'ont emmenée dans un hôpital de Station de Secours, où j'ai été guérie et suis venue dans la Colonie. Maintenant, si l'occasion m'en est donnée, je suis remerciée, en essayant de me former à un travail utile et à l'enseignement des bonnes mœurs.

- Moi - dit Marina – je me suis désincarnée jeune à vingt et un ans. Et, tout comme ma grand-mère, j'étais complètement ignorante de la continuité de la vie, je n'avais aucune idée de ce qui arrivait à ceux qui mouraient, si cela se terminait, s'ils allaient au ciel ou en enfer. Des théories que je n'ai pas comprises et que je ne voulais même pas comprendre, je ne suivais aucune religion. Il prétendait n'en avoir qu'un seul comme label. Pour moi, la mort du corps n'était que pour les autres. J'ai été désincarnée dans un accident de voiture. Les sauveteurs et les bons travailleurs ont essayé de m'aider, mais j'ai refusé. Pour moi, ils étaient fous et disaient n'importe quoi, comme si mon corps allait mourir. C'était une période difficile, dans ma maison, c'était le chaos. Mes parents ont intensifié les combats et ont fini par se séparer. L'un a accusé l'autre de ma désincarnation. J'ai beaucoup souffert, je pensais que j'étais fou de ne pas pouvoir comprendre ce qui se passait et de ne pas accepter ma désincarnation. Ma maison ayant été détruite, j'ai erré dans les rues avec une grande peur. Fatiguée de souffrir, j'ai décidé de faire appel à Dieu. Je suis entré dans un temple et j'ai prié, je me suis sentie mieux et j'ai décidé d'y rester. J'ai compris qu'on a besoin de la religion, quand on est religieux on se sent protégée, quand on est vraiment sincère et dévoué à la religion, on comprend les souffrances. Et la mort n'est pas si terrifiante. Je comprenais que je m'étais désincarnée, mais je ne savais pas quoi faire pour améliorer ma situation. Je suis restée dans ce temple à prier avec d'autres personnes désincarnées et incarnées qui y sont allées. La prière m'a amenée à méditer, à regretter mes erreurs. J'ai commis beaucoup de fautes, j'ai été égoïste, matérialiste, pendant les vingt-et-un ans que j'ai passés incarnée, j'ai eu beaucoup à regretter. Je ne quittais plus le temple, je craignais les frères des ténèbres, je craignais qu'ils ne m'arrêtent. Ils ne sont pas entrés dans le temple, mais je les ai vus dehors. J'ai passé des années dans le temple, j'étais fatiguée, j'ai décidé d'être honnête avec moi-même et de demander de l'aide. En pleurant, j'ai demandé l'aide de Dieu. Les bons travailleurs vont m'aider. Il m'a fallu un certain temps pour me rétablir dans un hôpital, dans un Station de Secours. Aujourd'hui, je vais bien, je suis remerciée, j'apprends à vivre ici, j'ai envie de m'améliorer moralement et de mettre en pratique ce que j'apprends.

Marina a soupiré, mais n'est pas triste, les souvenirs de tout ce qui s'est passé lui donnent la force de s'améliorer de plus en plus. Après une pause, c'était au tour d'Isa de parler.

- Je suis morte d'une tumeur cérébrale maligne après quelques mois de maladie, j'avais seize ans. J'ai suivi une religion qui m'a appris à tort qu'avec la mort, je dormais pour me réveiller au jour du jugement de la fin des temps pour toute l'humanité. Je me sentais engourdi par la mort de mon corps, je pensais être dans une sorte de rêve, en train de dormir, mais en même temps je voyais et entendais tout, bien que sans grande clarté, ce qui se passait autour de moi. Je suis restée avec les membres de la famille pour veiller sur mon corps. Leur désespoir était grand, ils criaient, pleuraient, souffraient horriblement. Je me suis sentie très perturbée, mais aussi protégée, j'ai entendu quelqu'un m'inviter à partir, à m'en aller. Mes proches me retenaient et je n'ai fait aucun effort pour partir, je ne voulais pas les laisser souffrir autant. Après qu'ils ont eu enterré mon corps, les membres de ma famille sont partis, j'ai crié dans la foi : « Mon Dieu, aide-moi ! » Les sauveteurs m'ont emmené à un Station de Secours et ont essayé de m'expliquer et de me soigner. La maladie, leur reflet, était encore forte en moi. Je n'étais pas terrifiée par la mort de mon corps, j'étais déçue que ce ne soit pas ce que je pensais, comme je le pensais. J'ai compris les explications que les bienfaiteurs m'ont gentiment données, le raisonnement, je l'ai trouvé juste et logique. Je n'avais plus peur et je commençais à dormir plus facilement. Mais les lamentations, le désespoir de mon peuple, me rendaient fou. Je pensais que j'étais si pauvre parce que j'étais morte que j'ai commencé à m'apitoyer sur mon sort, et l'apitoiement sur soi ne mène à rien, seulement à des mauvais traitements, je désespérais. Ils se mettaient à pleurer, moi aussi je désespérais et je pleurais. Quand ils m'ont appelé, j'ai voulu me rapprocher d'eux et j'ai fini par y aller. Quelle agonie ! Ils ont pleuré, ils ont gémi, c'était comme si c'était fini. Sans comprendre pourquoi j'étais à nouveau confus, j'ai beaucoup souffert. Ils m'ont dit que je dormais, que je ne voyais et ne sentais rien, j'ai crié que je ne voyais et ne sentais rien et j'ai encore eu peur, j'ai eu peur de m'endormir. Je détestais rester dans mon ancienne maison, je voulais retourner au service d'assistance, mais je ne savais pas comment. Je me suis souvenue de Jovina, une infirmière caritative qui s'est occupée de moi. Jovina m'est venue en aide avec amour, j'étais soulagée de la voir. « Jovina, aide-moi ! » Je l'ai suppliée, en pleurant. « Emmène-moi loin d'ici, emmène-moi là où je ne peux pas revenir. » Jovina m'a emmenée dans une Colonie, où j'ai été admise à l'hôpital du Centre d'Enseignement dans l'aile des jeunes. J'ai dû recevoir un traitement spécial pour surmonter et comprendre le désespoir de mes parents, en essayant de ne pas donner d'importance à leurs appels pour que je ne souffre pas autant. Les conseillers du Centre d'Enseignement, pour que je puisse me rétablir plus rapidement, ont essayé d'aider mes parents. Comme la souffrance amène de nombreuses personnes à chercher de l'aide, les membres de ma famille ont accepté de parler à un voisin fougueux qui leur a gentiment expliqué qu'ils devaient se conformer à la volonté de Dieu et que moi, étant bon, je devais être dans un bon endroit et qu'ils ne devaient pas m'appeler. etc. C'était un excellent conseil, qu'ils ont compris de manière confuse. Mais, à mon grand soulagement, ils allaient mieux, ils ne m'appelaient plus et ils ne désespéraient pas, ils souffraient moins. Ensuite, j'ai pu me sentir plus soulagée, j'ai essayé de guérir, parce qu'ils, me considérant comme malade, dans la douleur, m'ont transmis cela, ce qui a rendu difficile de déconnecter les réflexes de la maladie. J'ai guéri et je me suis sentie bien. J'ai commencé à vouloir connaître le Centre d'Enseignement, la Colonie, me faire des amis et un autre problème est apparu. Ils m'ont prise pour un saint, un ange, et m'ont remplie de demandes. Ils m'ont demandé de tout, de réussir l'examen scolaire, d'être en bonne santé, d'avoir ou non de la pluie, de guérir de maux de tête, de retrouver des objets perdus, etc. Pire encore, ils encourageront tous les membres de la famille, les amis et les voisins à le faire. Je ressentais ces demandes et ces angoisses, je voulais les aider, mais comment le faire ? Les instructeurs du Centre d'Enseignement ont essayé à nouveau de les aider pour que je puisse m'améliorer. Une fois de plus, la voisine spirite était la porte-parole, elle leur a parlé et leur a ordonné de ne rien me demander, qu'ils demandent à Dieu, à Jésus, aux Anges. Que moi, étant bon, je devrais être dans un bon endroit, mais que peut-être je ne peux pas les aider et que je me sens désolée pour cela. Ils ont été touchés par l'aimable voisin. Les généreux instructeurs du Centre d'Enseignement ont essayé à nouveau de les éclairer, en les déconnectant du corps pendant qu'ils dormaient et en leur parlant. Peu à peu, les demandes ont diminué, mais, même aujourd'hui, je reçois des demandes. J'aime ma famille, je leur souhaite bonne chance, je prie pour eux, mais je n'aime pas leur rendre visite. J'ai beaucoup souffert de leur manque de compréhension. La mort est si naturelle que je ne sais pas pourquoi en faire une tragédie. J'ai passé beaucoup de temps à l'hôpital, j'ai dû faire un suivi avec les superviseurs, jusqu'à ce que je me sente en sécurité. J'aime la vie désincarnée, je me sens très bien au Centre d'Enseignement, mais ce n'était pas facile !

La conversation s'est prolongée agréablement, puis nos visiteurs ont dit au revoir et sont partis.

J'ai continué à penser...

XII
ÉLUCIDATIONS

Mauricio m'a surprise en s'asseyant pensivement sur le porche.

- Que penses-tu de tant de choses, Mlle Patrícia ?

Je lui ai raconté les histoires des trois amis et j'ai fini par lui demander.

- Pourquoi ne suis-je pas allée au Centre d'Enseignement ?

- Il est bon de réfléchir, de méditer pour apprendre. Tu es trop adulte pour tes dix-neuf ans. Et plus responsable que beaucoup de personnes âgées ici. Nous avons pensé qu'il valait mieux que tu viennes ici, tu as beaucoup de connaissances, le Centre d'Enseignement ressemblerait à une école pour bébés.

- Souffrons-nous au moment de la désincarnation parce que nous n'avons pas connaissance du Plan Spirituel ?

—Tout le monde ne souffre pas parce qu'il n'a aucune connaissance du Spiritisme ou du Plan Spirituel. La connaissance ne fait que faciliter l'adaptation. Mais l'absence de cette connaissance, de la croyance en la véritable continuation de la vie après la mort du corps, cause de nombreux troubles et même des souffrances aux désincarnés et même aux incarnés qui ont perdu leur être cher.

- Qu'en est-il de la souffrance de ces trois amis ?

– L'égoïsme est un fardeau, ceux qui y cultivent la matière sont piégés. Amelia a souffert, elle n'était pas mauvaise, mais elle a cessé de le faire. Elle s'est faite du bien, comme si elle donnait des instructions, pour comprendre la vie dans son ensemble. Elle avait des vices et n'a même pas essayé de s'améliorer. La désincarnation était un cauchemar, une agonie. Ce qui lui est arrivé arrive à beaucoup : ce sont ceux qui oublient complètement la partie spirituelle. Marina a souffert pour les mêmes raisons. On a tort de penser que tous les jeunes sont aidés, simplement parce qu'ils sont jeunes. N'étant pas prête à faire face au changement par la désincarnation, elle l'a rejeté. Ses erreurs pèseront lourdement sur sa conscience. Malheureusement, on voit beaucoup de jeunes délinquants. Être un enfant et un jeune en la matière sont des phases. Nous savons que l'esprit peut être ancien. Les équipes de secours accordent la plus grande attention à tous les enfants et à tous les jeunes, mais malheureusement tous ne peuvent pas être protégés. Beaucoup ont besoin de comprendre à travers la souffrance, d'apprécier le soutien reçu.

Mauricio soupire en faisant une pause et continue :

- Isa, étant bonne, dès qu'elle s'est évanouie elle aurait pu être secourue et se sentir mieux, mais comme elle pensait qu'elle allait s'endormir dans son corps, elle a souhaité cela, elle a voulu rester. Notre volonté est toujours respectée. L'histoire d'Isa est commune, la souffrance dans le désespoir tourmente tout le monde. De nombreux jeunes vivent ce qu'elle a vécu. Lorsque les incarnés ont pitié et ne pensent qu'aux malades qui souffrent, désincarnés, ils le ressentent aussi. Ils ont plus de difficultés à se débarrasser des réflexes de la maladie, de la souffrance par laquelle ils vont se désincarner. Les incarnés doivent penser aux désincarnés sains et heureux et leur souhaiter de la joie. Lorsque les incarnés ne coopèrent pas, les désincarnés ont besoin de beaucoup d'aide pour surmonter cette phase difficile. Ils les entendent appeler, comme si les voix des proches venaient d'eux, ils veulent leur répondre, ils veulent s'approcher d'eux. Ils pleurent là et ils pleurent ici. Souvent, ils sont hospitalisés pour cette seule raison. Parfois, ils acceptent la désincarnation, tout va bien pour eux, mais ils entrent en crise à chaque fois, en désespoir de cause, que les incarnés les appellent. Ensuite, ils demandent des faveurs. Il ne faut pas demander de grâces, de faveurs à des membres de la famille désincarnés, on ne sait pas s'ils peuvent le faire ou non. Comme dans le cas d'Isa, elle, incapable, s'est sentie malheureuse. Même si elle le pouvait, nous ne pouvons pas leur demander de faire leurs devoirs ou de prendre notre place sur les bancs d'essai. Isa ne pouvait même pas s'en empêcher, et si elle pouvait aider, si elle avait déjà les connaissances, elle ne pouvait pas répondre à toutes les demandes, il n'est pas bon de faire ce qui appartient aux autres. L'intervention des instructeurs du Centre d'Enseignement dans le cas d'Isa est très juste. Pour l'aider, ils ont essayé d'appeler sa famille à la réalité. Les conseillers du Plan Spirituel font une grande partie de cette aide, en pensant à leurs élèves. Attention, Patrícia, le fait qu'Isa soit bonne a souffert du manque de compréhension, de la compréhension de la désincarnation, quelque chose de si commun à tous.

– C'était si différent avec moi !

- Tu n'es pas privilégié, tu es ici par affinité, tu as le cœur pur. Et ce n'est pas parce que tu étais un spirite (les spirites sont généralement parmi ceux à qui on a beaucoup donné et à qui on demandera beaucoup. Ceux qui apprécient ce qu'ils ont reçu auront une abondance). Si tu n'avais pas été bon et sans erreurs, ta désincarnation n'aurait pas été comme elle l'a été. Si toi, Patrícia, tu n'avais pas été bonne, tu aurais pu être une dirigeante du Centre Spirite, tu ne serais pas venue comme tu l'as fait. Tu es ici parce que tu l'as mérité. Tu n'as pas ressenti ce qu'Isa a ressenti, parce que l'atmosphère des membres de ta famille est une atmosphère de compréhension. Ils cherchent tous, dans ta maison, l'amélioration qui leur donne les conditions pour ne pas être dérangés et ainsi t'aider. Voici ta mère : au lieu de t'appeler, elle t'offre des fleurs. Elle ne les choisit pas ou ne les emmène pas au cimetière, elle réfléchit et les envoie. Ton père, dans ta désincarnation, t'a encouragée et t'a soutenue psychologiquement.

Mauricio se tait. Oui, c'était vrai, mon père m'a soutenu.

Je recevais ses messages et ses prières quotidiennes : « Patrícia, réjouis-toi, la vie est belle, sois heureuse ! Nous allons bien, ne t'inquiète pas pour nous. Fais ce que tes amis t'ont dit, etc., etc. J'ai toujours obéi à mes parents. Je pensais et croyais que mon père était le « plus grand », prudent et sage et maintenant je suivais ses instructions.

- Mauricio, je veux travailler.

- Et tu le feras. Dès que tu commenceras le cours de connaissance du Plan Spirituel, tu le feras. Ce cours est dispensé de deux manières, sur une période plus longue pour ceux qui n'ont pas de connaissance du Plan Spirituel, et sur une période plus courte pour ceux qui en ont. Tu feras la période la plus courte. Tu vas beaucoup l'aimer. Mais en attendant, veux-tu faire quelque chose ? Eh bien, voyons voir. Que veux-tu faire ? Quand tu t'es désincarnée, tu suivais deux cours à l'université, Science et Math, plus l'enseignement aux enfants. Tu veux enseigner, être enseignante ?

- Enseigner ici ?

- Penses-tu que quand on se désincarne, on sait tout ? Celui qui était analphabète incarné, il se désincarne et continue à l'être.

- Si dans d'autres incarnations passées on a connu quelque chose, ne se souvient-on pas du moment où on s'est désincarné ?

-Pas nécessairement. Si dans d'autres incarnations tu avais la connaissance et que dans la dernière incarnation tu étais analphabète, tu peux te souvenir. Mais ce souvenir peut être accompagné d'autres qui ne te conviennent peut-être pas pour le moment. Donc, pour avoir ces souvenirs, l'esprit a besoin de pouvoir, d'être préparé à cela. Et ceux qui sont en forme se souviennent presque toujours seuls. Les personnes désincarnées ne se souviennent du passé que pour comprendre, apprendre ou accomplir une tâche. Ceux qui ont besoin de se souvenir vont dans leurs propres services, où les travailleurs locaux l'analysent et, si elle est vraiment bonne, nous aident à nous en souvenir. Ici, dans la Colonie, ces frères et sœurs illettrés ont des possibilités, des facilités pour apprendre. Il y a une aile dans l'école, où les analphabètes qui désincarnent les adultes apprennent à lire et à écrire. Tu peux leur enseigner, les rendre alphabétisés en attendant le début du cours. Tu n'enseigneras qu'aux adultes, car les enseignants des enfants et des jeunes font partie du Centre d'Enseignement, ils ont besoin de beaucoup de connaissances. Parce que, pour eux, les enseignants sont des exemples, ce sont eux qui résolvent tous leurs problèmes. Pour les adultes, le savoir est divisé en sujets et leur apprendra très bien à lire et à écrire. Tu le souhaites ?

-Oui, beaucoup.

Mauricio m'a dit au revoir et je me suis souvenue que papa nous parlait toujours de la connaissance : « La connaissance, que la plupart des hommes et des esprits ont comme fin, doit être un moyen pour l'homme d'évoluer vers sa cosmification. Nous, pour vivre dans la matière, n'avons pas besoin de savoir lire, mais le savoir nous facilite la tâche. De la même manière, la connaissance ne satisfait pas l'homme spirituellement, mais elle lui donne les conditions pour comprendre et trouver le bonheur ».

Oui, je voulais étudier, apprendre à être utile avec sagesse et j'étais très heureuse de pouvoir partager maintenant le peu de connaissances que j'avais avec d'autres frères.

J'attendais avec impatience une autre visite de Mauricio qui m'emmènerait à l'école pour adultes.

XIII
L'ÉCOLE

Deux jours plus tard, Mauricio est venu me chercher pour m'emmener à l'école.

Elle est située dans une vaste zone. Incarnée, j'ai entendu, dans le Spiritisme, parler des Écoles sur le Plan Spirituel, faisant beaucoup référence à l'apprentissage qui a lieu lorsque l'on se désincarne. Mais j'étais loin de savoir ce qu'était cet apprentissage. Ceux qui aiment apprendre sont toujours intéressés par ces écoles. Il y a des écoles dans toutes les Colonies ; elles sont toujours grandes et accueillantes. Celle que je décris, celle de la Colonie Saint-Sébastien, est magnifique. Elle se trouve dans une zone comprenant plusieurs bâtiments, elle est divisée en ailes, désignées par des lettres. L'objectif est très clair, il doit toujours être le même dans tous les plans : instruire. A l'école, il y a des cours de connaissances, mais l'enseignement principal est l'Evangile, la Morale Chrétienne. Il existe de nombreux cours pour enseigner comment vivre sans corps, comme ceux que j'ai fait pour la volonté et l'alimentation. Les cours ont une durée fixe. Peu de conseillers et d'enseignants vivent dans l'école. À la Colonie Saint-Sébastien, le logement dans l'école est uniquement destiné à l'hébergement. De nombreux élèves y vivent pendant le cours.

Entre un bâtiment et un autre, il y a des patios et des jardins. Toute l'école est entourée de nombreux arbres, de fleurs et de jolis coins avec des bancs, où les élèves vérifient le matériel, apprennent, échangent des idées et discutent de manière animée.

Mauricio et moi nous sommes dirigés vers l'Aile D. En marchant, il m'a éclairé :

-Voici toutes les salles de classe de la Colonie. L'enseignement couvre ici jusqu'à un certain point. Ceux qui veulent continuer à apprendre après avoir étudié peuvent aller dans d'autres Colonies plus importantes ou à la Colonie des Enseignement.

- Y a-t-il beaucoup de gens qui veulent apprendre ?

- Malheureusement, il n'y en a pas. Tout est facilité ici. Tu ne peux pas faire des excuses que les incarnés donnent pour ne pas apprendre. Pourtant, seule une partie des résidents étudient. La poursuite des élèves ne couvre qu'un faible pourcentage. Ils étudient pour acquérir des connaissances.

-Comment sont ces écoles dans les Colonies d'Enseignement ? Elles sont très bien.

- Nous les appelons Colonies d'Enseignement, même si chacune a un nom. C'est un type d'école qui serait pour les incarnés une université, couvrant de plus grandes connaissances dans diverses sciences. Ces Colonies ne sont que des écoles, ou plutôt, il n'y a que des lieux d'apprentissage, de recherche et de logement pour les enseignants et les élèves.

-Mauricio, si un élève me demande quelque chose que je ne sais pas, que dois-je faire ?

- Dites simplement que tu ne sais pas, que tu vas demander une réponse. Tu n'enseigneras que le portugais et les mathématiques. Ils en demandent plus dans les cours d'initiation évangélique et de morale chrétienne, cours donnés par des professeurs expérimentés, qui résolvent ou donnent une orientation aux problèmes de tous les élèves. Je vais maintenant te présenter à Mme Dirce, la coordinatrice de I' Aile D.

L'Aile D a une cour. Tout est aussi simple que l'école entière, peinte dans une couleur claire et très propre. Mauricio a frappé à une porte qui disait : « Conseiller. Mme Dirce nous a reçus avec joie.

- Salut, Patrícia, quel plaisir de t'avoir parmi nous. Mauricio, si tu veux, tu peux prendre ta retraite. À plus tard ! Toi, Patrícia, tu resteras avec moi, je te montrerai la méthode que nous utilisons pour enseigner l'alphabétisation.

Nous entrons dans la chambre du conseiller, qui est meublée avec bon goût, mais de manière simple. Enthousiasmée, elle m'a montré la méthode qu'ils utilisent. J'ai aimé la façon pratique et simple d'enseigner. Les plans de cours sont prêts, très bien préparés. J'ai regardé Mme Dirce, parler de l'école et des élèves avec enthousiasme et joie. Elle a réalisé ce que je pensais, je n'ai pas été surprise. La plupart des gens ici peuvent lire les pensées. dit-elle doucement.

-Patrícia, j'adore enseigner, j'adore ce que je fais, j'adore cette école ! Viens, je vais te montrer cette aile.

Toutes les classes étaient dans la cour. Les salles sont petites, avec un maximum de quinze personnes chacune, pour faciliter l'apprentissage. Il y a de petites salles dans cette aile, il y a des salles de classe de différentes tailles dans l'école. Mme Dirce a joué dans l'une des classes.

- Voici la salle dans laquelle tu travailleras.

La porte s'est ouverte et le professeur nous a accueillis avec un sourire. Mme Dirce nous a présentés ainsi que les élèves.

-Il s'agit de Patrícia, qui remplacera Clóvis ; qui est l'enseignant qui prendra un congé.

Je les aimais bien et je sentais qu'ils m'aimaient bien. Peu de temps après avoir rencontré tout le monde, nous sommes partis. Mme Dirce a continué à m'éclairer.

Elle remplacera M. Clóvis, qui, pour des raisons familiales, a demandé un congé. J'ai été surprise par cette « demande du congé » a expliqué Mme Dirce.

-Patrícia, ici nous essayons d'apprendre à servir par Amour. Chaque travail est un processus d'apprentissage et non un sacrifice. Il est certain qu'en assumant des responsabilités, nous n'abandonnons pas nos affaires sans en parler à nos supérieurs. Et quand nous le faisons, c'est pour une juste raison. Clovis, que tu vas remplacer, est avec nous depuis trois ans, son fils est mort et il erre dans la douleur. Il a demandé le congé de voir s'il pouvait aider son fils et ses proches incarnés. Une telle demande est courante ici, ta grand-mère, pour rester avec toi, s'est excusée pendant un certain temps de son travail.

-Tout est bien organisé ! - Je n'ai pas pu m'empêcher de m'exclamer.

Je suis rentrée chez moi avec mes projets, je commençais à enseigner dès le lendemain. À la maison, je les ai lu et planifié la meilleure façon d'enseigner.

Je suis revenue, le lendemain j'étais là bien avant l'heure prévue. J'ai rencontré les autres professeurs de l'Aile D, très gentils, ils étaient tous gentils avec moi. Lenita, une des enseignantes, a proposé de m'aider et de me guider en cas de besoin. Je l'aimais bien et nous sommes devenues amies.

Ma classe comptait douze élèves, mesdames et messieurs, des gens simples, tranquilles et timides. Nous n'avons pas utilisé les termes monsieur et madame ou ne m'avons pas appelé « Mme » parce qu'ils parlaient de vous. Nous ne parlions que du traitement respectueux de Mme Dirce. J'ai commencé le cours. J'avais l'habitude de répéter les explications, en corrigeant note par note. Ils n'étaient pas découragés, ils voulaient apprendre. J'ai patiemment enseigné avec plaisir. Nous nous sommes vite habitués l'un à l'autre.

Lenita vivait près de la maison de sa grand-mère, nous sommes rentrées de l'école ensemble, parce qu'elle donnait deux cours et que nous avions des horaires différents. Nous avons beaucoup parlé, elle s'est désincarnée dans sa jeunesse comme moi, vingt ans, elle est intelligente, poétesse, nous avons les mêmes objectifs et les mêmes intérêts.

Lenita est légère, elle porte une longue tresse dans ses cheveux et la tire sur le côté, qui atteint la taille, elle est très belle. En parlant de beauté, les habitants de la Colonie sont pour la plupart beaux. Je pense que c'est pour deux raisons. Tout d'abord, nous commençons à les considérer comme des frères et sœurs très chers. Ensuite, parce que les habitants sont en paix, ils sont en équilibre, ils essaient d'harmoniser. Les gens comme ça, beaux à l'intérieur, sont gentils, donc beaux.

–Patrícia, j'ai suivi le cours que tu vas suivre, c'est merveilleux, tu l'aimeras.

Elle est toujours en train d'acclamer et de faire l'éloge de tout le monde. Elle n'aime pas parler d'elle, j'ai insisté pour qu'elle raconte son histoire.

- Je me suis désincarnée il y a de nombreuses années, j'ai été assassinée. C'était très triste et cruel. J'ai beaucoup souffert. J'étais fiancée, j'aimais et j'étais aimée. Lorsque je rentrais du travail le soir, seule, un homme m'a attrapée, m'a attachée, m'a couverte la bouche et m'a emmenée dans un endroit isolé. Il m'a violée et m'a blessée avec un couteau, me laissant tomber dans un trou. Je me suis désincarnée dans la douleur et l'agonie. Les équipes de secours m'ont déconnectée et m'ont emmenée à un Station de Secours. Je pensais être encore en vie, incarnée, crois-le ou non, je ne voulais même pas penser que j'étais morte. J'étais tellement dans l'illusion que j'ai même oublié ce qui s'était passé, je voulais juste guérir et retourner auprès de mon peuple. Comme ils ne m'ont pas emmenée, je me suis enfuie, je suis allée à la maison de terre. J'ai été très déçue et blessée. Rien n'était comme avant, je n'ai même pas manqué à mon fiancé comme je le pensais. Il voyait déjà quelqu'un d'autre. J'ai commencé à devenir folle. Mes blessures sont revenues, tristes, j'ai été abandonnée à l'errance. Ce n'est qu'alors que j'ai réalisé que je m'étais désincarnée, j'ai demandé à Dieu de m'aider sincèrement. J'ai été secourue à nouveau. Cette fois, sans espoir, blessée et triste, j'ai dû subir un long traitement pour me rétablir. J'étais dégoûtée par le mauvais souvenir de l'événement barbare qui m'a fait entrer dans une crise de désespoir. Il fallait se souvenir d'une partie de mon passé, d'une autre existence, où j'ai vu l'action que j'ai entreprise pour avoir cette réaction. Dans un passé lointain, j'étais un marchand de jolis jeunes esclaves, les échangeant avec des hommes aux mauvais instincts. Guérie, adaptée, je suis venue dans cette Colonie pour étudier et travailler. Aujourd'hui, je suis heureuse. Ma triste histoire ne me dérange plus.

– As-tu trouvé qui était ton assassin ?

–Oui, je l'ai trouvé. Même quand je me suis rebellée, je ne voulais pas me venger. Le mal m'a fait plus de mal qu'à lui. J'ai pardonné très tôt. Ce frère qui a pris ma vie physique a beaucoup souffert. Il n'a pas été arrêté, mais les conséquences de ses erreurs ont suivi. Il a souffert incarné aussi bien que désincarné.

– ¿ Tu n'as pas pensé à l'aider ?

- Si. Il n'y a pas longtemps, avec une permission, j'ai pu essayer de l'aider à Seuil. J'y suis allée. Il ne voulait pas m'accepter ni m'écouter. Quand il m'a vue, il a crié qu'il était coupable de sa souffrance. Je suis certainement allée me plaindre à Dieu et le mettre en enfer. Mes instructeurs m'ont conseillée de le quitter. Un jour, il comprendra, se repentira sincèrement et sera aidé. Je prie beaucoup pour lui.

Quelle belle leçon nous pouvons tirer de l'histoire de Lenita.

Le travail scolaire me fascinait. J'étais si dévouée que j'obtenais d'excellents résultats. Mme Dirce était heureuse avec moi et Mauricio ne pouvait pas s'empêcher d'être fier quand elle me félicitait avec lui.

Ensuite, je travaillais, je gagnais mes heures supplémentaires. Obtenir ma première heure supplémentaire était super sympa. Maintenant, je ne dépendrais plus de grand-mère ou d'amis pour aller au théâtre, dans les salles d'ordinateurs, dans les endroits où j'aime aller. J'étais si heureuse de le recevoir que j'en étais fière, c'était comme si je recevais mon premier chèque de paie incarné. Le sentiment d'autosuffisance est agréable, ce n'est pas lourd, c'est utile, pouvoir collaborer est formidable. Je n'enseignais pas seulement pour cette raison. Le travail est une bénédiction. Mais je me suis sentie importante avec « mes primes », celles que je gagnais en travaillant.

Tout ce que je raconte peut sembler être de la fiction pour beaucoup. Mais qu'est-ce que la mort sinon une nouvelle étape de la vie ?

XIV
VISITER LA MAISON

Grand-mère m'a dit que je pourrais bientôt rendre visite à ma famille. J'ai attendu tout heureuse. Je vais très bien et heureuse. Les recommandations ont été nombreuses. À la maison, grand-mère et ses amies ont parlé pendant des heures.

- Patrícia, tu dois être heureuse tout le temps à la maison.

Rappelle-toi que le foyer est le lieu où l'amour est présent, ton affection n'est pas finie. La maison terrestre est toujours la tienne, mais elle n'est plus là pour y vivre.

- Même si tu as envie de rester, tu ne devrais pas. Tu ne feras que leur rendre visite. Voici ta place. Nous t'aimons et nous te voulons ici. Etc...

Tout ce qu'on attend vient. Le jour tant attendu pour rendre visite à ma famille est arrivé. Artur, Mauricio, Frederico et grand-mère m'accompagnaient. Je ne pouvais pas m'empêcher de me demander s'il n'y avait pas beaucoup de gens qui venaient avec moi pour une simple visite. Mauricio, comme il lisait toujours mes pensées, a clarifié :

- Ta grand-mère y va parce qu'elle se sent heureuse de t'accompagner dans la visite de la famille. J'y vais parce que je suis responsable de toi, Artur et Frederico y vont parce qu'ils veulent être avec toi, profiter de cette joie.

- Allons-y, Patrícia - dit Arthur, toujours aussi heureux.

– Ne vas-tu pas recommander quelque chose ? – J'ai demandé

– Non - il a ri –. Tu ne crois pas que tu en as trop entendu ? Alors, avec tant de compagnons, je ne doute pas que c'est toi qui dois nous diriger.

Nous avons ri, mais j'étais anxieuse. Nous avons marché jusqu'à l'une des portes.

– Artur – j'ai demandé –, tous les résidents et invités sont-ils autorisés à rendre visite à leur famille ?

– Non, peu de gens peuvent profiter de ce plaisir. Tout cela à cause du manque de préparation et de compréhension des désincarnés et des incarnés. Les résidents désincarnés sont ceux qui travaillent déjà, ceux qui sont utiles. Les hôtes de la Colonie sont ceux qui s'adaptent. Pour visiter la Terre, ils doivent être capables, conscients de la désincarnation, des problèmes des membres de leur famille. Ils doivent être pleinement conscients qu'ils sont en visite. Ces visites doivent également se faire avec les incarnés qui sont conformes, sans le danger de retenir les incarnés. Ils ne peuvent pas profiter de ces visites s'ils ont un léger malaise. Beaucoup le veulent, peu le peuvent.

La Colonie Saint-Sébastien a trois portails. Elles sont grandes, il y a trois ouvertures dans celles-ci pour le passage de l'aérobus. La porte entière s'ouvre, ou une autre ouverture de taille moyenne et une porte. Ils sont contrôlés par des dispositifs que les incarnés ne connaissent pas encore.

Ces appareils mesurent la vibration de ceux qui doivent les traverser. Il y a aussi des travailleurs qui gardent les portes. Les Colonies ne sont pas identiques, elles ne sont pas toutes pareilles, mais elles ont toutes la même base, car leurs objectifs sont les mêmes : servir de logement temporaire aux désincarnés. À la Colonie Saint-Sébastien, les portails, ou portes, sont très belles, elles sont de couleur or clair avec de beaux motifs en relief, principalement de fleurs.

La porte s'est ouverte et nous l'avons franchie. J'ai vu les murs. Toute la Colonie est entourée ou murée ; les expressions, les noms ne changent pas. Il est entouré d'une énergie, la force magnétique, il n'est possible d'entrer et de sortir des Colonies que par les portes. Ce mur, le mur qui l'entoure, est fait du même matériau que celui de toute la Colonie. C'est pourquoi seuls quelques brutes peuvent franchir ce mur. Il y a aussi cette énergie magnétique qui empêche les personnes désincarnées d'entrer dans la Colonie, ainsi que les frères et sœurs enracinés dans le mal et avec des intentions mesquines. Le mur est beau. Je me suis approchée, je l'ai touché, j'ai levé les yeux, je n'ai pas vu sa fin. Le mur est construit jusqu'à un certain point, il n'y a donc que l'énergie magnétique qui entoure toute la Colonie. Pour voir la Colonie, il faut la faire vibrer de la même façon, beaucoup d'esprits ignorants dans le mal ne peuvent pas la trouver, ne peuvent pas la voir.

Mes trois compagnons m'ont regardé avec curiosité

– Artur – j'ai demandé –, j'ai toujours été curieuse de savoir ce qui se passe si un avion passe.

—La Colonie est loin de l'espace où passent les avions. C'est beaucoup plus élevé. Mais d'autres Stations de Secours se trouvent dans l'espace où les avions peuvent passer. Ils peuvent passer par les Stations de Secours et rien ne se passe. Les Colonies et les Stations de Secours ne sont pas de la matière brute, mais subtiles.

- Qu'en est-il des fusées, des vaisseaux spatiaux ?

- Ils ne nous font pas de mal. Mais les Colonies ne sont pas immobiles, elles peuvent, grâce à la force mentale de ceux qui les soutiennent, changer de place si nécessaire.

- Allons-y - dit Frederico, en souriant.

Nous nous sommes tenus la main. Je savais comment voleter, mais ce serait la première fois que je voleterais vite et à grande distance. Ils m'ont donné leurs mains pour m'aider. Lorsque les groupes partent, ils ne se tiennent pas la main, à moins qu'il n'y ait des personnes inexpérimentées comme moi.

Nous sommes arrivés si vite, en quelques minutes, que nous ne pouvions rien voir, nous sommes allés dans mon jardin.

- Entrons – a déclaré Artur.

- La porte est ouverte, mais si tu veux, Patrícia, tu peux passer à travers le mur – grand-mère a expliqué.

Plus tard – j'ai dit.

Maman était assise sur le canapé du salon en train de crocheter, elle était plus mince. Je l'ai regardée pendant longtemps. Je l'aime beaucoup. Je me suis tenue devant elle. Grand-mère a parlé avec amour.

- Viens, embrasse-la.

Je me suis approchée de lui en silence, j'ai embrassé sa main, son visage. En réalisant qu'on est désincarné, on remarquera de nombreuses différences lorsqu'on s'approche d'un incarné. Je suis allée prendre les mains de maman, nos doigts entrelacés. J'ai embrassé son visage lentement, j'étais émue. J'ai toujours valorisé tout ce que nous avions, qui n'était pas en abondance. J'étais toujours reconnaissant pour tout ce que j'avais et je prenais soin de donner de la valeur à chaque objet. Quand j'ai vu la maison, ma maison comme toujours, j'ai remercié le Père, j'ai toujours eu beaucoup plus que ce que je méritais. J'avais envie de pleurer devant ma mère, je me suis battue, je me suis levée et je me suis réfugiée dans les bras de ma grand-mère.

- Maintenant – dit Artur avec joie – nous allons voir Carla, puis nous irons à la ferme pour voir ton père et ton frère.

- Tu vas voleter à nos côtés, allons-y doucement – a déclaré Mauricio –. Les fluides sur terre sont beaucoup plus lourds que ceux de la Colonie. Les Colonies ont de bonnes vibrations, car il n'y a pas de maux là-bas. Sur Terre, les bons et les mauvais esprits vibrent. De nombreuses personnes désincarnées des Colonies et des Stations de Secours se sentent étouffées, étourdies, un peu mal à l'aise lorsqu'elles reviennent sur Terre pour la première fois. Je ne ressentais rien, j'étais soutenue par les amis qui étaient avec moi.

Nous avons voleté, je suis restée au milieu, mais seule. Voir la ville d'en haut, voler, est très agréable. Nous sommes arrivés chez Carla, je l'ai prise dans mes bras ainsi que mon beau-frère Luiz Carlos, ma sœur allait bientôt donner naissance à mon neveu tant attendu. Ensuite, nous sommes allés à la propriété. Comme il est agréable de se promener dans la campagne, de voir les arbres, les plantations et les animaux. J'ai vu Juniño travailler, je l'ai embrassé. Je me suis approchée de mon père, lui ai embrassé les mains et l'ai remercié. Papa a pensé à moi, m'a envoyé ses incitations habituelles. Je l'ai embrassé et serré dans mes bras.

J'ai regardé notre ferme.

- Maintenant, puis-je passer à travers le mur ?

Avec cette déclaration, je me suis dirigée vers la maison, mais je me suis arrêtée près du mur.

- Comment faire ?

- C'est simple, crois que tu le feras et tu le feras.

C'est très simple, j'ai traversé les murs et les portes plusieurs fois.

- Patrícia, on va chez ta tante Vera ? Peut-être que, si tout va bien, tu pourras dicter toi-même un message à ta mère - dit Artur avec joie.

- Pour faire passer un message ? Par la psychographie ? Mais je ne sais pas !

- Apprends - répondit Mauricio avec calme.

- Comment sera la dictée d'un message ? - Je pensais. Curieuse, je leur ai donné la main et nous avons voleté rapidement.

XV
PSYCHOGRAPHIE

Nous sommes allés chez tante Vera, elle faisait une psychographie. Antonio Carlos lui a dicté alors qu'elle écrivait distraitement et joyeusement.

- Regarde-le – dit Mauricio. Fais comme Antonio Carlos, tout est simple.

Ma tante était assise au bureau et Antonio Carlos, assis à côté d'elle, dictait ce qu'il lisait dans un de ses carnets. Il a fixé ses pensées dans son esprit. Nous les avons observés pendant des minutes. Antonio Carlos s'est arrêté et l'a dit à ma tante :

- Surprise ! Patrícia est ici et va dicter un message à ses parents.

La tante était vraiment surprise et concentrée. Elle a pensé à moi, je me suis approchée, elle m'a sentie. Ce « sentiment » est la perception. Elle a souri joyeusement.

- Comme tu es belle ! Patrícia, mets-toi à l'aise. On va écrire ?

Je me suis approchée et je l'ai embrassée. Je dictais lentement et la tante écrivait. C'était une note. J'ai envoyé des câlins, je l'ai remerciée, elle m'a donné des nouvelles. Je leur ai demandé de ne pas se priver de quoi que ce soit pour moi.

C'était vraiment plus simple que je ne le pensais. Expliquer ce que signifie être un médium est compliqué, surtout si l'on se place du côté scientifique.

Dysfonctionnement organique est un cadeau de plus ? ou un de moins ?

L'important est de rendre cette sensibilité utile à travers ton travail. Aie confiance dans le pouvoir du Bien et efforce-toi de le faire bien. Les moyens d'honnêteté signifient que cet échange est une bonne chose pour beaucoup de gens.

Quand j'ai eu fini, j'ai remercié ma tante et je suis partie. Pensant qu'elle était déjà partie, la tante pleure avec nostalgie.

J'ai vu mes cousins et je les ai serrés dans mes bras.

- Mauricio - j'ai demandé - la tante reçoit-elle beaucoup de messages ? Les personnes désincarnées aiment-elles écrire ?

-Presque tous. Tu n'as pas aimé ? Ce n'est pas bien de donner des nouvelles aux membres de la famille ?

- Je ne connais personne à la Colonie, sauf ma grand-mère, qui écrit à sa famille.

-La psychographie n'est pas si normale. Il y a beaucoup de médiums qui pourraient le faire, une petite partie le fait. Cela diminue les canaux d'échange. Ensuite, il y a peu de personnes qui souhaitent recevoir des nouvelles, la plupart d'entre elles ne croient pas en cette possibilité. Les messages, comme toutes les grâces, ne doivent pas être offerts, mais demandés.

- Maintenant, nous allons rentrer chez toi pour voir ta mère et retourner à Colonie - dit Artur en me prenant la main.

J'ai embrassé maman à nouveau, je lui ai demandé d'être heureuse. Le téléphone a sonné.

C'est ma tante qui lui a annoncé la nouvelle.

- Tu l'as vu ? - demande maman avec enthousiasme. - Elle est jolie ? Elle va bien ? Dieu merci !

Elle a raccroché le téléphone, a regardé l'image de Jésus qui orne le mur de notre chambre, a prié avec émotion, a rendu grâce et, les larmes aux yeux, a supplié :

- Jésus, merci beaucoup ! S'il vous plaît, prends toujours soin d'elle pour moi !

-Ah, Jésus ! -S'il vous plaît, prends soin d'eux ! - J'ai ardemment terminé -. Nous sommes retournés à la Colonie. Nous avons voleté jusqu'à la porte, elle s'est ouverte, nous sommes entrés. Je me suis tue, les voir a diminué ma nostalgie. Je savais qu'ils souffraient, mais ils faisaient même l'impossible pour que j'aie la tranquillité nécessaire dans mon adaptation. C'est la maman qui souffrait le plus. Mauricio dit affectueusement :

- Tout arrive, Mlle Patrícia. Le temps guérit les blessures.

- Mais cela laisse des cicatrices - j'ai dit.

- Les cicatrices ne font pas mal. Ta famille se souviendra toujours de toi, tu es aimée. Le temps adoucit la nostalgie - Mauricio est fini.

- Je vous remercie pour tout - j'ai dit, émue.

- Allons-nous au théâtre ? - Frederico m'a invité.

Nous y sommes allés, une chorale d'une autre Colonie a chanté de belles chansons, ça m'a distrait. Ah les amis. Que serais-je sans eux ?

Périodiquement, l'un d'entre eux m'accompagnait pour rendre visite à ma famille, jusqu'à ce que je puisse y aller seule. Voir les membres de sa famille est une joie indescriptible. Frederico m'a expliqué :

- Patrícia, tu peux faire ces visites, car elles ne te dérangent pas. La plupart des personnes désincarnées attendent longtemps pour cela. La personne désincarnée doit avoir de la compréhension, avoir accepté la désincarnation et que les membres de la famille soient résignés, car la personne désincarnée peut vouloir rester et parfois elle reste. Surtout si le désincarné trouve le foyer terrestre avec de nombreux problèmes ou lorsque l'incarné appelle à l'aide. Les conseillers doivent analyser tous ces problèmes avant de donner la permission à une personne désincarnée de rendre visite à ses proches. Car, en fonction de cela, ces visites peuvent être néfastes pour le visiteur.

J'écrivais toujours des lettres, des messages à ma famille, je leur racontais ce que je voyais, ce que je ressentais, alors ils suivaient mes progrès, la nostalgie s'adoucissait. Quand je ne pouvais pas aller dicter, un de mes amis le faisait pour moi.

Antonio Carlos, qui m'avait toujours encouragée à faire les messages, me l'a fait comprendre un jour :

- Patrícia, ces messages ne sont pas non plus un privilège. Cela pourrait se produire pour deux raisons : parce que tes parents le méritent et parce que tu as déjà commencé une formation.

Une formation ? !

- Pourquoi t'étonnes-tu ? Ta tante lit toujours tes pensées. L'échange est facile entre vous deux. La formation, bien sûr. Plus tard, tu voudras certainement dicter aux frères incarnés tout ce que tu vois et apprends.

-Écrire des livres ?

J'ai ri volontiers, Antonio Carlos a ri aussi.

- Pourquoi pas ?

- Je ne suis pas une écrivaine.

- Apprends à en être une.

Je n'y ai plus pensé, mais j'ai continué avec les messages, ils sont un cadeau, un baume pour la nostalgie de mon peuple.

Je regardais toujours les membres de ma famille à la télévision. C'étaient des minutes par jour, nous devons éduquer notre volonté, sinon nous pourrions vouloir les regarder tout le temps. Tu peux choisir un moment pour les regarder. Je le faisais toujours l'après-midi ou la nuit. J'avais l'habitude de prier avant, de les surveiller, de m'éteindre et de prier à nouveau, en luttant toujours pour rester calme. C'était une exception d'avoir cet appareil. Artur me l'a donné. Il est rare que quelqu'un possède un tel dispositif. Cela a été possible parce qu'Arthur, un esprit simple, mais avec de nombreuses années de travail utile, l'avait reçu en cadeau pour ce qu'il avait fait pour la Colonie. Mais il y a des chambres dans ces bâtiments à la Colonie avec ces télévisions. Il y en a à l'école et à l'hôpital, où les personnes incarcérées peuvent demander et recevoir la permission de voir leurs proches. À l'hôpital, en particulier, où les patients en convalescence s'occupent de leur famille, ils veulent savoir comment ils vont. Ces demandes sont guidées avant qu'il n'y soit répondu. Si les formateurs pensent que cela sera utile, ils peuvent utiliser cette ressource enrichissante. Ils passent par ce processus car beaucoup sont désincarnés lorsqu'ils voient des membres de leur famille, même à la télévision, pleurer désespérément, ce qui aggrave leur situation. Chaque cas est différent. Comme le désincarné est mieux loti, et étant conscient de cette possibilité, s'il le souhaite, il en fait la demande et les conseillers analysent s'il pourra ou non utiliser ce merveilleux dispositif. Même dans ce cas, cela peut ne pas fonctionner. S'il y a une permission, ils accompagnent les conseillers dans la salle elle-même. Pour beaucoup, c'est une bénédiction, une joie d'entendre les leurs, de les voir. Pour d'autres, pas toujours ; voir des membres de la famille en difficulté, souffrir, n'est pas agréable. La plupart des résidents ici aiment utiliser cette ressource, ceux qui travaillent la payent. C'est précisément une façon d'encourager le travail et de récompenser le travailleur.

- Artur - j'ai demandé - j'ai reçu de nombreux cadeaux, y compris des heures supplémentaires. Pourquoi est-ce possible ?

-Faire des cadeaux est très agréable ! Certes, nous avons la liberté d'utiliser nos primes comme un cadeau, mais nous veillons à ne pas encourager la paresse, l'inertie de ceux que nous donnons. Les nouveaux arrivants, les amis et la famille aiment leur faire plaisir et les encourager à se rendre utiles.

- Tu m'as donné la télévision, c'était un beau cadeau pour mon cœur. Tout le monde ici a été reçu avec joie, affection, et je les ai reçus avec gratitude.

-Je n'ai jamais utilisé cet appareil, je l'ai reçu avec affection et je l'ai gardé. Le donner à toi, qui l'utilise, me rend heureux, c'est toujours gratifiant de pouvoir encourager une amie.

Pour tous ceux qui font face à la réalité de façon naturelle, la désincarnation ne les sépare pas de leurs proches et l'absence se fait moins sentir.

XVI
ARRIVER ET PARTIR

Je m'impliquais de plus en plus dans le travail à l'école. Tout le monde à la maison travaillait. Comme les équipes étaient à des moments différents, nous étions tous à la maison à de rares moments. J'aimais beaucoup l'école.

Mme Dirce était charmante, gentille, toujours prête à nous éclairer, à répondre à nos questions. Elle porte toujours un ensemble jupe et manteau gris clair, elle est élégante, extrêmement sympathique. Un jour, en la regardant, elle m'a gentiment éclairée :

- Quand j'étais incarnée, j'aimais beaucoup un costume comme celui-ci. J'oublie même ce détail, les vêtements et la mode. Je me sens bien comme ça.

- C'est très bien, très élégant. C'est juste que, incarnée, je n'ai jamais pensé à la façon dont les gens désincarnés s'habillent, je remarque encore ces détails. Excusez-moi si je vous ai observé.

- Tu n'as pas à t'excuser, donc ces détails ne t'inquiéteront plus. Beaucoup d'incarnés pensent que les désincarnés ne sont habillés en blanc que sur le Plan Spirituel et dans les Colonies. Peut-être cette idée est-elle née parce qu'ils sont simplement habillés ici. Ils s'habillent comme ils veulent. Ceux qui travaillent ici dans les hôpitaux et dans les équipes médicales s'habillent généralement de vêtements blancs ou légers. Les jeunes préfèrent les vêtements colorés et maintenant même les jeans. Nous sommes seulement éduqués à nous habiller décemment et à ne pas abuser des nuances fortes. Les couleurs neutres et claires aident à reposer les yeux.

Au début, je changeais toujours de vêtements, c'était tellement étrange de ne porter qu'une seule tenue, je me changeais de moins en moins. Je préfère les pantalons longs et les t-shirts. Mais la plupart des gens, principalement les habitants les plus âgés de la Colonie, ne changent pas de vêtements, comme Mme Dirce. Et personne ne prête attention à ce détail, personne ne l'a appelée « femme en gris », ce qui se produirait chez les incarnés.

Mes élèves étaient un amour. Tous instruits, désireux d'apprendre. Ils n'ont pas changé de vêtements non plus. La plupart d'entre eux travaillaient le matin et étudiaient l'après-midi. Les élèves ont été répartis en classes en fonction de leurs besoins. Ceux qui ont plus de facilité à apprendre et ceux qui ont plus de difficultés. J'enseigne à ceux qui ont eu plus de difficultés. Ils sont conscients de ce détail. Ils ne sont pas humiliés, mais encouragés à apprendre. D'habitude, je devais expliquer les leçons plusieurs fois et je le faisais avec plaisir.

Comme je dormais moins, j'avais plus de temps libre, je voulais aussi travailler le matin. Frederico m'a invitée à l'aider. J'ai commencé à travailler avec lui avec grand plaisir. Frederico s'occupait des patients en convalescence à l'hôpital, les meilleurs. Dans une petite pièce, il a parlé à ceux qui le cherchaient, les aidant à résoudre leurs problèmes. Je suis restée comme assistante, une sorte de secrétaire, j'ai fait un dossier médical, j'ai référé des patients. Marcela, une infirmière qui a amené les patients, m'a expliqué :

-Le docteur Frederico est un grand professionnel, nous aimerions qu'il soit toujours là. Il nous a beaucoup aidé en tant que connaisseur et érudit du comportement humain, il a résolu d'innombrables problèmes de manière satisfaisante. Il est ici avec nous temporairement, il est venu aider un proche dans son adaptation, puis, il doit retourner enseigner dans les Colonies Universitaires.

J'étais sûre d'être la personne aimée que Frederico aidait. J'avais l'impression de le connaître, que nous étions liés par une affection sincère et pure, je ne m'en souvenais plus. Je ne me suis pas non plus soucié de ce détail. Quand le moment sera venu, je me souviendrai de tout à son moment. Je m'en souviendrais au bon moment.

Un de mes élèves, Jaime, m'a invité à une fête chez lui. Ils disaient au revoir à l'un de leurs enfants qui allait bientôt se réincarner.

- Viens, Patrícia - il a dit -, nous l'encouragerons et nous espérons que la réincarnation sera fructueuse.

Ma grand-mère m'accompagnait. La maison de Jaime est belle comme toutes les maisons de la Colonie. Jaime vit avec de nombreux parents. Leonel, son fils, devrait bientôt revenir à la chair. Comme tout le monde ici, Leonel a ressenti de la peur et de l'insécurité, car il savait que le monde matériel est très illusoire. Des amis l'ont encouragé. Jacques a lu le texte de l'Évangile de Jean, 3:1-12. Jésus explique à Nicodème le besoin de renaître. Ensuite, nous avons prié ensemble. Leonel le remercie, ému. Ce fut une rencontre agréable, où le petit-fils de James jouait de la guitare et chantait de belles chansons.

- C'est bizarre de célébrer un esprit qui va se réincarner - j'ai dit à grand-mère.

- Pas tant que ça, les amis se disent au revoir, en encourageant Leonel. C'est la vie ! Malheureusement, tous ceux qui seront réincarnés ne reçoivent pas ces marques d'affection.

Nous disons au revoir à Leonel, j'ai souhaité de tout mon cœur qu'il réussisse dans l'incarnation qu'il avait comme une bénédiction pour le progrès.

Luiza, une des habitantes de notre maison, attendait avec impatience la désincarnation de son père. Quand on lui a dit que l'heure approchait, elle a pu aller l'aider. Elle l'a déconnecté de la matière et l'a amené à un Station de Secours. Elle savait qu'il n'avait ni les connaissances ni le mérite d'être bien tranquille. Triste, elle dit :

- J'ai remercié Dieu d'avoir pu le sortir du corps et le placer dans un Station de Secours. Maintenant, c'est à lui de rester ou non à la Station de Secours. Je prie beaucoup pour lui.

-Certains arrivent, d'autres partent ! Hier, nous sommes allés à la fête d'adieu pour Leonel qui va se réincarner. Aujourd'hui, c'est ton père qui n'a pas de corps ! - Je me suis exclamée pensive.

Mon neveu était sur le point de naître, l'attente était grande. En temps voulu, notre cher esprit est né. Il appartient à notre groupe familial, avant de se réincarner il savait que la famille allait traverser cette période difficile. Il a charmé tout le monde, surtout ma mère. Rafael a pleuré, simplement calmé dans les bras de sa grand-mère, appelant ma mère à la réalité de la vie, certains partant, d'autres arrivant.

Artur m'a donné un poster de Rafael que j'ai mis au mur dans ma chambre. La photo façonnée est facile pour ceux qui savent, elle n'est pas difficile à apprendre non plus. A l'école, il y a des cours pour apprendre par la force de la pensée à être modelé en papier, où que ce soit, une gravure, une photo, etc. À la maison, tous les résidents ont des photos. Les murs de la chambre de grand-mère sont remplis de photos de ses enfants, petits-enfants et arrière-petits-enfants. Artur a promis qu'il apporterait une photo de Rafael tous les mois afin qu'il puisse suivre sa croissance.

Quinze jours après la naissance de Rafael, j'ai pu le voir. Mauricio et sa grand-mère m'ont accompagné. J'ai vu mon père, mon frère, et j'étais heureuse d'avoir trouvé ma mère en meilleure santé. Je volais en silence parmi les incarnés, à travers les portes et les murs.

J'étais émue de voir mon neveu, si beau ! Il était éveillé et calme dans son berceau. Je me suis approchée et je l'ai serré dans mes bras, il a senti mes fluides et a souri.

J'étais si heureuse ! Je voulais tellement être tante, le voir m'a remplie de fierté. C'est merveilleux d'être tante

!

XVIII
BESOINS

Un jour, Mauricio et moi sommes allés à la bibliothèque. Sur une des étagères, il y a une division qui a un miroir, je me suis tenue devant et pendant qu'elle me regardait, j'ai lissé mes cheveux, que pour mon confort sont toujours restés comme je le souhaitais. Mauricio a souri et nous avons commencé à parler des besoins.

- Patrícia, explique mon ami, les incarnés ne croient pas que la vie continue et sans sauts. Les besoins de l'incarné les accompagnent comme les reflets de la maladie. Il y en a très peu, très peu qui, lorsqu'ils se désincarnent, comprennent et éliminent immédiatement ces réflexes, ces besoins, la plupart d'entre eux disparaissent progressivement.

Oscar, une connaissance, qui avait déjà été présentée, travaille à la bibliothèque. Lorsqu'il était proche, il a cessé d'enquêter et a écouté la précieuse leçon. Avec lui, c'était un garçon. Il a fini par participer à notre conversation.

- Excusez-moi pour l'intrusion. Voici Ramiro -, le jeune homme qui nous a présentés. Après les salutations, Oscar a continué à parler. Je suis bien catégorisé comme la majorité à laquelle Mauricio a fait référence. Tu as raison, il faut que je progresse et maintenant. Le confort, le bien-être, nous font arrêter. J'ai été pire, mais ce n'est pas pour cela que je ne peux pas être meilleur.

- Vraiment - a dit Mauricio - nous devons être ici et maintenant. Ce que nous faisons et comment nous le faisons, c'est ce que nous sommes.

Curieuse, je lui ai demandé :

- Oscar, quels étaient tes besoins ?

- Ils étaient très différents des tiens. Toi, Patrícia, tu es arrivée sans dépendance et tu n'as pas mangé de viande. Ceux qui ne créent pas d'habitudes s'adaptent plus facilement. Tu n'as abandonné que plus tard, tu l'as fait quand tu étais incarnée, et moi, à mon tour, j'ai continué à repousser ma transformation à plus tard, même quand je suis arrivé ici. Tu n'as pas eu d'actes externes, tu l'as fait en interne. La simplicité rend les choses faciles. Garde à l'esprit que dans le Centre d'Enseignement, les enfants s'habituent rapidement et que la plupart d'entre eux apprennent bientôt à se nourrir dans la nature et de manière naturelle. Lorsque je me suis incarné, je ne connaissais rien du monde spirituel, j'avais une religion extérieure. Je me suis désincarné et je suis allé au Seuil. Je n'étais pas réceptif à l'aide, et si je n'avais pas souffert, je n'aurais pas apprécié ce qu'une Colonie Spirite offre. Je crois vraiment que si j'étais arrivé ici dès mon intégration, je n'aurais même pas aimé ça. J'ai ressenti une douleur horrible, le reflet de ma maladie. J'avais faim, soif, chaud et froid. Je me nourrissais de plantes que je trouvais, je buvais de l'eau de fontaines sales, je déféquais aussi et j'urinais dans les coins, sur le sol. J'avais besoin de cigarettes et d'en-cas. J'ai beaucoup souffert. Pendant des années, je suis resté au Seuil. Un jour, un parent désincarné qui errait comme moi, mais qui savait comment aller parmi les incarnés, m'a emmenée dans mon ancienne maison. Ce parent a erré entre les incarnés et le Seuil. Je suis resté avec ma famille. Je me suis sentie mieux. Avec eux, j'ai ingéré leurs cigarettes quand ils fumaient, buvaient et mangeaient.

- Comment ? - Je voulais savoir.

- Échange d'énergie. Si tu restes près d'un fumeur, tu sens la fumée, si tu te colles, vous fumez ensemble. Je mangeais quand ils allaient manger, je m'asseyais à table, j'inhalais les liquides de la nourriture. Et j'ai absorbé les énergies des incarnés. Avec ça, je me suis amélioré, mais je n'étais pas bien. J'étais dans la douleur et le froid, triste et insatisfait. Je me suis rendu compte que je leur faisais du mal, j'étais bouleversé. Je ne voulais pas revenir au Seuil et je ne savais pas comment résoudre ce problème. J'ai fini par me fatiguer et par souhaiter un autre mode de vie. J'ai commencé à prier, à demander à Jésus de m'aider. Un jour, à ma grande joie, un sauveteur est venu à mon secours et j'ai été emmené dans une station de sauvetage. J'ai été admis pour un traitement ; je me suis amélioré petit à petit. Je mangeais quatre fois par jour. J'ai fait un effort pour arrêter de fumer, parce que dans les Stations de Secours et dans les Colonies (Les Stations de Secours sont pour la plupart des petits lieux de premiers secours, ils sont situés sur l'Écorce et sur les Seuils. Les Colonies sont plus grandes, ce sont des villes spirituelles) n'autorisent pas de fumer, mais elles permettent un traitement pour arrêter de fumer. De toute façon, le combat est pour tout le monde. Dieu merci, je l'ai fait, alors je n'avais pas envie de fumer. Mais il m'a fallu un certain temps pour m'en remettre. Incarné, je me douchais tous les jours, c'était hygiénique. Le Seuil était sale, pas moyen de se baigner. Cette hygiène me manquait, mais la faim, la soif et la douleur étaient mes principaux besoins. Quand j'ai été secouru, j'étais moche et sale. Au Station de Secours, je me douchais tous les jours, utilisant la salle de bain pour mes besoins.

Oscar a fait une pause et Mauricio a profité de l'occasion pour nous donner quelques éclaircissements.

-Dans les villes du Seuil, ses habitants, frères ignorants du mal, l'hygiène n'est pas dans leurs coutumes. Cependant, nous savons que beaucoup d'entre eux se nettoient de manière rudimentaire. J'ai connu de nombreux habitants du Seuil relativement propres. Cela dépend de chacun. Mais, comme nous le dit Oscar, avec des difficultés plus graves, l'hygiène est au fond. Ceux qui errent autour de la souffrance du Seuil ne peuvent pas se nettoyer.

- Récupéré - a poursuivi Oscar -, je voulais comprendre ce qui m'arrivait. Je suis venu à Colonie pour étudier et travailler. Je ne comprenais rien à l'existence désincarnée, j'avais besoin d'apprendre. Aujourd'hui, des années plus tard, j'aime lire, savoir, travailler, je suis calme, je mange au moins et mes besoins physiologiques sont peu nombreux. Ici, je suis beau et en bonne santé. Mes cheveux (en frottant une main sur la nuque) ne m'inquiètent pas.

Nous rions, Oscar est chauve, il a peu de cheveux.

- Ce qui m'a pris beaucoup de temps, c'est de laisser les lunettes - a poursuivi notre ami -, j'avais l'impression que sans elles je ne voyais pas. Aussi incroyable que cela puisse paraître, j'étais toujours avec eux, dans le Seuil et pendant que j'errais.

- C'est vrai ! - Je me suis exclamée – Il n'est pas courant de voir quelqu'un avec des lunettes ici. Je me souviens que grand-mère Amaziles portait des lunettes rouges et maintenant elle voit très bien.

Mauricio nous a éclairés.

- Les défauts, les maladies, sont du corps de chair. Bien que son impression puisse être forte dans le corps périspirituel. Ici, il suffit de comprendre, d'apprendre, de se sentir en bonne santé. Quand je dis ici, je veux dire les Colonies et les Stations de Secours. Celui qui erre ou par affinité se retrouve dans les Seuils, a presque toujours pour compagnons des maladies et des déficiences. Beaucoup de bons désincarnés, lorsqu'ils veulent s'identifier parmi les incarnés, peuvent mouler des lunettes ou même des déficiences. Le libre arbitre est respecté. Je connais quelques bons esprits, de bons travailleurs, qui ne veulent pas se débarrasser de leurs carences, de leurs lunettes ou de leurs cannes. Ils sont bien, ils les utilisent parce qu'ils le veulent. Comme Oscar, il est chauve parce qu'il veut l'être. S'il le voulait, il aurait de beaux cheveux.

Nous rions.

- En fait – dit Oscar –, je m'identifie à ma calvitie et je ne pense pas que ce soit un inconvénient. Mais ce que je trouve vraiment bien, c'est de ne pas avoir à aller chez le dentiste.

- C'est vrai ! - Je me suis encore exclamée. Je n'y avais pas pensé, j'ai vu tout le monde ici avec des dents parfaites.

Mauricio a profité de l'occasion pour nous éclairer.

- Patrícia, tout le monde à Colonie peut avoir des dents parfaites. Lorsque tu te remets d'une maladie, les dents aussi se remettent et il n'y a plus de dégâts, plus de caries. Malheureusement, les désincarnés qui errent, ceux qui ne sont pas secourus, restent tels qu'ils étaient, s'ils n'avaient pas de dents ils restent édentés. Je n'ai pas connaissance d'autres dégâts sur les dents, je pense qu'elles continuent comme elles ont été désincarnées.

- On n'est pas tombé malade ici à Colonie ? - Je voulais savoir, curieuse.

- Une fois en bonne santé, toujours en bonne santé. Une personne désincarnée ici à Colonie ou dans les Stations de Secours ne tombe plus malade. Mais, s'ils ne sont pas complètement rétablis et s'ils partent sans autorisation, ils rentreront chez eux sans permission, c'est-à-dire qu'ils erreront, ils retrouveront presque toujours les réflexes de leur maladie. Ils ne savent toujours pas comment rester en bonne santé sans les fluides bénéfiques de ces lieux. Mais ceux qui suivent les règles s'en sortent toujours bien. Il n'y a aucune raison d'avoir des maladies.

- Comme c'est merveilleux ! - Je me suis exclamée.

XVIII
L'HISTOIRE DE RAMIRO

Ramiro écoutait attentivement, alors je lui ai demandé :

- Et toi, Ramiro, tu ne veux pas parler un peu de toi ? Écouter ses amis, c'est obtenir des informations.

- Jusqu'à récemment, j'étais gêné de parler de ma vie incarnée, de ma désincarnation. Ensuite, j'ai appris que nous avons tous nos histoires et qu'ici, dans la Colonie, il n'y a pas de critique, mais de l'aide. Tu as raison, Patrícia, écouter ses amis, c'est recevoir de précieuses leçons. Ma désincarnation a été très triste. Pourquoi la plupart des désincarnations sont-elles tristes ?

Il y a eu un silence de quelques minutes. Vraiment, je pensais. De presque toutes les personnes présentes, j'ai entendu : « Ma désincarnation a été triste... ou j'ai beaucoup souffert dans ma désincarnation... » C'est Mauricio qui a répondu :

-Parce que la plupart des gens ne pensent pas à la désincarnation pour elle-même, ils ne se préparent pas à la continuation de la vie. Ils vivent incarnés comme si c'était leur plus grand but, ils aiment la matière plus que les vérités spirituelles. Ils n'aiment pas la vérité, mais les illusions de la chair, et ils sont piégés. Ils désespèrent de laisser le corps physique périssable, oubliant que ce véhicule physique est temporaire. Ils ne sont pas à la hauteur des exemples de Jésus, ils craignent la mort du corps. Par conséquent, la désincarnation est triste et douloureuse. Mais les bons, ceux qui se sont incarnés au service du Père, ont vécu les enseignements de Jésus, ils ne craignent rien et la désincarnation est une joie.

Mauricio s'est tu et nous avons regardé Ramiro, l'invitant à continuer à raconter. Notre ami n'a pas fait semblant.

- Je me suis désincarné jeune. J'ai pris de la drogue, je n'étais pas encore dépendant, je ne pensais pas. Nous sommes très trompés lorsque nous consommons des drogues, nous pensons que nous nous arrêtons quand nous le voulons, mais lorsque nous essayons de nous libérer, nous comprenons à quel point nous sommes coincés avec elles. J'ai commencé par la marijuana, puis je suis passé à la cocaïne. Ma famille ne savait pas, n'a jamais su. Je n'avais aucune raison de justifier mon implication dans la drogue. Maintenant, je suis sûr qu'il n'y a aucune raison de justifier cette folie. J'ai commencé quand je sortais avec une très belle fille qui était convoitée par les enfants à l'école. Elle et son groupe fumaient et m'incitaient à fumer de la marijuana. Avec une peur stupide d'être catalogué comme stupide, immature, etc., j'ai commencé à fumer.

J'ai rompu la relation, mais je suis resté dans le groupe. Lors d'une course, sur une « course » avec une moto prêtée, j'ai eu un accident. Je suis tombé de la moto et me suis frappée la tête sur un rocher. Mon corps est mort instantanément.

J'étais très contrarié. J'ai marché parmi la famille et les amis du groupe. Les membres de mon groupe ont cessé de consommer de la drogue, craignant ma désincarnation. Quelques jours après ma désincarnation, la cocaïne a commencé à me manquer. Tout mon périsprit avait envie de ce médicament. C'était horrible. À la maison, le désespoir de voir ma mère pleurer m'angoissait. Je me suis senti coupable et je suis parti. J'ai été désincarné à cause de mon imprudence, pour avoir joué avec la moto, un véhicule si dangereux, et pour avoir été drogué. Je me suis désincarné avant l'heure prévue. La souffrance de mon peuple m'a rempli de culpabilité et de remords. Je n'aimais pas rester à la maison, je suis sorti et j'ai erré. J'ai réalisé que je m'étais désincarné, bien que je ne sois pas sûr de ce qui m'était arrivé, mon corps est mort, mais j'étais encore en vie et je ne savais pas quoi faire. Le désir de s'injecter de la cocaïne a augmenté. Je n'ai jamais autant pensé à la souffrance. C'était mon principal besoin. Je n'étais pas intéressé à me nourrir, à avoir froid ou chaud, parfois j'avais soif. J'ai décidé de chercher la drogue. Je connaissais un autre groupe qui prenait beaucoup plus de drogues que le nôtre. Je suis allé les chercher. Je ne me suis même pas approché d'eux. A côté d'eux se trouvaient d'horribles monstres. Plus tard, j'ai appris qu'ils n'étaient que des drogués désincarnés, des frères souffrants, pris dans la drogue qui vampirise des drogués incarnés.

J'étais désespéré, je sentais ma grand-mère prier pour moi. Ma grand-mère était une spirite, ce qui était une source de moquerie de notre part, surtout de la part de ses petits-enfants. J'ai pensé : il n'est pas possible que ma grand-mère ait raison ! Je suis mort et je suis ici comme un esprit errant. Je me suis souvenu des termes qu'elle utilisait. Je savais où se trouvait le Centre Spirite qu'elle fréquentait et je m'y suis rendu à pied. C'était ouvert et j'y suis entré dans la honte. Quand un homme, un sauveteur désincarné du

Centre, m'a demandé ce que je voulais, je lui ai dit en le suppliant : Aide-moi pour l'amour de Dieu ! Les esprits qui errent n'aident-ils pas ici ? Je suis mort et je ne sais pas quoi faire. Je suis désespéré. Je veux prendre une dose de cocaïne, sinon je vais mourir. Je ne peux pas mourir à nouveau, n'est-ce pas ? Si je ne peux pas mourir à nouveau, je ne sais pas ce qui arrivera si je ne prends pas de cocaïne. Ma grand-mère vient ici. Aide-moi !

Le sauveteur m'a regardé gentiment, je suis tombé dans ses bras et j'ai dormi. Je suis reconnaissant aux esprits, aux personnes aimables qui m'ont accueilli. Ils m'emmèneront dans un hôpital, dans une zone où les toxicomanes se rétablissent. Ma lutte contre la dépendance n'a pas été facile. Je désespérais et j'ai été gentiment aidé par les frères qui y travaillent. J'ai suivi un traitement pendant de nombreux mois. J'ai pris des laissez-passer, j'ai appris à prier et, quand je n'étais pas en crise, je lisais des livres spirites et l'Evangile. Je me nourrissais, buvais de l'eau, me baignais quand je me sentais mieux.

Quand je me suis amélioré, je suis allé voir d'autres frères imprudents comme moi. Ce que j'ai vu, je ne l'oublie pas. Des souffrances que je n'aurais jamais imaginées. J'ai vu beaucoup de jeunes déformés et faibles en convalescence, comme ceux que je croyais être des monstres. J'ai compris que les personnes secourues étaient sur le chemin qui les libérerait de la souffrance. Pire encore, ceux qui n'avaient aucune aide, ceux qui ne voulaient pas être libres. J'ai réalisé que je ne souffrais pas tant parce que ma grand-mère me guidait par ses prières sincères. Et aussi parce que je n'ai pas commis d'autres actes répréhensibles, je n'ai pas commis de crimes aussi fréquents chez les toxicomanes. Et j'ai immédiatement cherché de l'aide, sinon j'aurais erré dans la souffrance comme tant d'autres. En désintoxication, je suis venu au Centre d'Enseignement, où j'apprends et me prépare, et à l'avenir, je veux être un sauveur de mes frères qui sont esclaves des addictions. Le besoin de cocaïne que j'ai eu quand j'ai été désincarné, était ma souffrance, mon agonie. Je n'ai fait qu'y aspirer.

Ramiro se tut et fut serré dans les bras de Mauricio.

- Nous sommes piégés avec ceux que nous rejoignons lorsque nous étions incarnés. Je suis sûr que tu seras, mon cher ami, un excellent sauveteur.

- Oui, il le sera ! - dit Oscar en souriant.

Ramiro, profitant de la présence de Mauricio, lui demande avec empressement d'apprendre.

-Mauricio, qu'arrive-t-il aux personnes atteintes de maladies comme le cancer, qui prennent des médicaments puissants pour contenir la douleur et ces médicaments raccourcissent souvent leur existence incarnée ? Ressentent-elles aussi un manque de ces médicaments quand elles sont sans corps ? Est-ce mal de les prendre parce qu'ils raccourcissent l'existence du corps ?

- Prendre soin du corps physique est l'obligation de tous ceux d'entre nous qui, pour un temps, doivent vivre incarnés. Nous devons avoir ce que la médecine terrestre nous offre pour guérir les maladies. Si ce que nous avons pour soulager notre douleur peut raccourcir notre existence, ce n'est pas la faute des médecins ou des patients. Je crois que la science trouvera bientôt de nouveaux moyens de soulager et de guérir. Mais, mon jeune Ramiro, quand on prend un médicament comme un médicament indispensable, on ne le manquera pas quand on est désincarné. Cependant, en tant que sauveteur médical, j'ai vu au fil des ans de nombreuses personnes agir sur la douleur de différentes manières. Ceux qui souffrent de maladies douloureuses dans le corps, avec résignation, sont aidés, donc ils vont bien. Ceux qui se rebellent contre la même douleur se désincarnent, mais ne peuvent pas toujours être aidés et ressentent les réflexes de la maladie et de la douleur. Parfois, ils veulent des médicaments pour les guérir et soulager leur douleur. Mais ce ne sont pas des toxicomanes, ils ne ressentent pas le manque de la drogue parce qu'ils l'ont prise comme médicament. J'ai vu ici des gens qui sont devenus dépendants des somnifères. Lorsqu'ils sont secourus, ils doivent apprendre à dormir sans eux, ils doivent se débarrasser de cette dépendance. Ils doivent prendre des médicaments quand ils en ont besoin. Et dans les cas de cancer, une maladie qui provoque généralement des douleurs terribles, même si elle raccourcit la vie, il est juste de les prendre. C'est ce que la médecine est censée traiter. L'utilisation est autorisée, l'abus est condamné.

Nous avons été silencieux pendant un moment. Pensant que cela pourrait nous rendre plus clairs, Mauricio a ajouté poliment :

-On peut dire que les habitants de la Terre incarnés ou désincarnés sont de deux façons. Il y a ceux qui, par l'effort, deviennent des serviteurs autonomes ou utiles, et il y a ceux qui en ont besoin, bien qu'entre les deux il y ait des aspirants, ceux qui veulent apprendre à être utiles. La quantité de la première est pitoyablement réduite. Il suffit de regarder les Centres Spirites : ceux qui vont aider sont peu nombreux et la plupart d'entre eux sont nécessaires parce qu'ils le veulent. Ayant l'opportunité, ils ne veulent pas passer du statut de nécessiteux à celui d'autosuffisants. Ces besoins provoquent des souffrances, comme cela s'est produit avec Oscar et Ramiro, et cela se produit avec beaucoup d'autres. Être ou ne pas être. L'incarnation peut encore tromper et délirer. Désincarné, il n'y a pas moyen de tromper. Les fluides, les vibrations d'un bon esprit sont agréables et les fluides des esprits ignorants sont mauvais. L'esprit a toujours de nombreuses possibilités et peut, de son libre arbitre, refléter le beau et le bon, ou le désagréable et le mauvais. Le beau et le bon sont présentés en harmonie, en équilibre. Et de cette union harmonieuse naît l'amour qui conduit au progrès spirituel. Le désagréable se présente dans les turbulences de l'ignorance, générant la haine, l'envie, les désirs insatiables, l'égoïsme qui est la plus grande blessure inquiétante, le luxe et la luxure, faisant de l'homme un véritable volcan de conflits internes, faisant de la vie humaine un enfer incarné ou désincarné.

Nous devons comprendre sans illusion ce que nous sommes vraiment et non ce que nous pensons être et avec la décision de mener à bien notre transformation. Nous sommes maintenant dans le présent. L'avenir est une conséquence vécue du présent et non le résultat des aspirations d'un esprit oisif qui laisse toujours cette transformation pour plus tard. Il est de notre devoir de passer du besoin à l'utilité.

Oscar, Ramiro et moi avons remercié Mauricio pour la belle leçon. Je me suis promise que je n'aurais plus de besoins, pas seulement ceux qui se reflètent dans le corps physique, comme la nourriture, le sommeil, etc. Mais les principaux : ne pas être un mendiant de grâces, ne pas vouloir que les autres fassent ce que je peux faire et aussi apprendre à être utile et à servir.

XIX
TOMBE

J'étais très avide d'apprendre, curieuse et intéressée, demandant toujours à mes amis et à mes mentors quels étaient les doutes qui surgissaient. J'aimais de plus en plus le Monde Spirituel. J'ai senti que mon incarnation était une période de voyage et que je retournais maintenant dans mon vrai foyer. C'est avec une grande joie que j'ai accepté l'invitation d'Arthur à participer à une réunion de spirite au Centre auquel ma famille assiste. Nous sommes arrivés bien avant le début de la réunion. J'ai rendu visite à toute ma famille, à certains oncles et à certains amis. Comme nous avions encore le temps, Artur m'a invitée :

- Tu ne veux pas aller au cimetière et voir où ton corps est enterré ?

- C'est étrange de penser que mon corps est enterré, je ne le sens pas.

- Heureusement ! Notre corps de chair est un vêtement bien-aimé. Tu l'as respecté, tu en as pris soin, mais c'est périssable, tu n'as pas oublié. Tu vis bien sans lui. La plupart des gens souffrent tellement de leur perte.

Nous sommes allés au cimetière, c'est un endroit contradictoire. Certaines personnes trouvent cela triste et n'aiment pas ça, d'autres aiment marcher, c'est agréable pour eux. C'est un lieu de souffrance pour beaucoup, ainsi que de travail pour tant de sauveteurs. Nous avons marché et nous avons tout vu. Il y avait un groupe d'esprits oisifs, laids et sales, assis sur le mur, qui racontaient des anecdotes et riaient. Ils ne nous voyaient pas, ils ne pouvaient nous voir que si nous le voulions. Nous sommes plus subtils, nous voyons ceux qui vibrent dans la même matière.

Nous ne nous sommes pas arrêtés. Juste à l'entrée, j'ai entendu des gémissements, très désespérés, sortir de certaines tombes.

-Beaucoup sont résignés à la mort du corps et ne veulent pas le quitter – a expliqué Arthur.

J'ai vu des sauveteurs, des esprits essayant patiemment d'aider, soulageant la souffrance de frères imprudents qui aimaient la matière périssable plus que la spiritualité. Les sauveteurs essaient également de guider les fauteurs de troubles qui sont toujours dans le cimetière, mais qui n'y vivent pas. Ces esprits désordonnés vont visiter les cimetières parce qu'ils n'ont rien de plus intéressant à faire.

Lorsque je me suis approchée de l'endroit où mon corps était enterré, j'ai vu deux dames que je ne connaissais pas parler doucement :

- Patrícia est morte si jeune, elle était belle et polie.

- Elle a étudié et travaillé, elle était productive, elle avait un avenir. La pauvre !

Elles ont prié sincèrement pour moi.

- Elles ne savent pas que j'ai un beau présent et un bel avenir - j'ai dit.

- Le manque de compréhension de la continuation de la vie conduit beaucoup de gens à avoir pitié de ceux qui sont désincarnés. La désincarnation pour les gens de bien, c'est la Paix et la Joie. Pour les mauvais et les oisifs, c'est le début de leur récolte. J'étais reconnaissant aux deux dames, j'ai prié pour elles en les remerciant. Je les ai enveloppés dans des fluides de paix. Artur m'a expliqué :

- Souvent, la prière n'atteint pas ceux à qui elle est censée profiter, elle profite incontestablement à ceux qui prient.

Nous avons marché quelques mètres de plus en silence, Arthur s'est arrêté et s'est montré.

- C'est ça !

J'ai regardé avec attention, c'est une simple tombe très chère à ma famille. Honnêtement, je n'ai rien ressenti. Je lis lentement les mots que mon père a judicieusement placés : « Ici reposent les restes du corps physique dans lequel Patrícia vivait et se manifestait parmi nous. Tu me manques. »

J'ai passé quelques minutes à le regarder et à méditer. Je savais d'avance que mon esprit survivrait à la mort du corps. Maintenant, j'ai compris ce que Jésus a dit : « Que les morts enterrent les morts ». En plus de la mort physique, beaucoup étaient spirituellement morts. J'ai regardé autour de moi, et j'ai vu des esprits qui, en plus de perdre leur corps physique, sont restés aveugles, sourds et muets sans vivre en unité avec Dieu. Finalement, ils sont morts à la vérité éternelle. En y regardant de plus près, j'ai vu qu'il n'y avait pas de différence substantielle entre l'incarné qui était contraire à l'esprit et le désincarné qui avait oublié sa ressemblance avec Dieu. Les fluides des deux se sentaient éteints, désagréables, et même malodorants, comme les incarnés qui vibrent mal et ne font pas l'hygiène de leur corps.

- Allons-y, Patrícia - Arthur m'a appelée.

- Oui

C'était un soulagement de quitter le cimetière, je n'aimais pas être incarné ou désincarné.

Nous sommes allés au Centre Spirite. Je me suis sentie enchantée, avec la construction matérielle, il y a une construction de l'énergie mentale que les désincarnés ne peuvent pas traverser. C'est pourquoi beaucoup de désincarnés pensent qu'ils sont piégés dans certains Centres Spirites. Mais s'ils y restent, c'est en attendant le bon moment pour recevoir des conseils ou de l'aide pour leur maladie.

Le Centre Spirite est simple, je le connaissais bien. La construction mentale que seuls les désincarnés voient est assez grande, c'est un Station de Secours où ils s'occupent des patients désincarnés. Il a un cour pour les incarnés, pour nous, un jardin. Tout est très propre et confortable. Les travailleurs m'ont accueilli avec un sourire comme s'ils me connaissaient.

- En fait, ils te connaissent - Arthur a expliqué. Tu allais incarnée au Centre Spirite. Tu as souvent prié pour les frères qui étaient malheureux.

J'ai répondu timidement aux salutations et les ai remerciés pour leurs compliments.

- Patrícia - dit Arthur -, j'ai du travail à faire. Tu resteras ici avec Tiago et Lorenzo. Quand je commencerai à travailler, je te ferai venir.

Nous avions la charge du Centre Spirite. Pour les incarnés, il y a une porte, un couloir et un portail. Pour nous, après la porte, un couloir plus étroit et une pièce où se trouve la réception. Un lieu où l'on sert les désincarnés qui sont là pour chercher de l'aide et de l'orientation. Ils sont servis et envoyés au travail et à l'aide nécessaire. Alors que l'incarné va chercher de l'aide, beaucoup des désincarnés aussi.

Curieuse, je voyais tout. Et ceux qui demandaient de l'aide ont commencé à arriver. Beaucoup avaient accompagné les incarnés. Une dame est venue demander des nouvelles de son fils, lui aussi désincarné, qui errait autour du Seuil. Un monsieur est venu demander de l'aide pour la fille incarnée qui était en crise conjugale à cause de l'influence d'un désincarné perturbé. Tiago et Lorenzo ont rédigé les demandes, puis les superviseurs les ont révisés et ont essayé de s'en occuper autant que possible.

Un homme âgé s'est approché, a marché avec difficulté et s'est plaint.

-Je suis venu ici pour demander de l'aide à « Seu Zé ». Je suis malade depuis longtemps et mon état s'aggrave. Depuis un certain temps, tout le monde semble m'ignorer, on ne fait pas attention à moi, on ne prend pas de médicaments, on ne me parle pas. Je ne leur ai rien fait. Comme je sais que « Seu Zé » en aide beaucoup, je viens demander de l'aide. Puis-je lui parler ?

Il a parlé doucement, en regardant autour de lui, et soudain, il m'a regardé.

- Que Dieu me vienne en aide ! - Il a crié -. La fille morte de « Seu Zé » ! Un fantôme ! Aidez-moi !

J'ai couru et je me suis cachée derrière Tiago. Je ne savais pas quoi faire. Lorenzo s'est approché de lui, l'a calmé avec des passes, d'autres travailleurs sont venus et l'ont emmené au centre.

- Tu seras bientôt guidé par une intégration – Lorenzo a déclaré, en souriant.

- Ai-je l'air d'un fantôme ? - J'ai demandé à mes amis en riant. Quelle peur le pauvre gars a eu ! Je ne voulais pas lui faire peur, et je ne veux faire peur à personne.

- Tu n'es pas une âme en peine, tu es plein de lumière et de joie où que tu sois – a gentiment déclaré Lorenzo. Une personne désincarnée qui ne sait pas reconnaître sa condition, craint les autres personnes désincarnées, beaucoup craignent même leurs proches.

Je suis restée là, essayant d'aider là où je pouvais, je prenais les ordres par distraction, quand j'ai entendu :

-Pst...

- Je me suis retournée et j'ai vu un garçon qui souriait.

- Salut - il a dit.

- Salut - j'ai dit.

- Tu me vois ?

- Je te vois.

- C'est bien. Je commençais à craindre de devenir invisible.

J'ai arrêté d'écrire et je l'ai regardé. Il était jeune, bien habillé, seulement sale. Il a continué à sourire et à me regarder.

- Je n'ai pas parlé à une beauté depuis longtemps. Tu sais que tu es jolie ? Quand est-ce que tu finis ton travail ? Je peux t'attendre et te ramener à la maison ou même faire une promenade ?

Il m'a surpris et encore une fois, je ne savais pas quoi faire. Lorenzo est venu à mon secours.

- Hé, garçon. Tu ne veux pas entrer et comprendre pourquoi la plupart des gens pensent que tu es invisible ? N'aie pas peur. Allons-y, tu dois parler.

Le garçon avait peur, mais le visage de Lorenzo lui inspirait confiance. Il est entré avec lui, mais il s'est d'abord tourné vers moi et m'a dit :

- Attends-moi à la fin, je veux te parler, beauté - Lorenzo est revenu tout de suite.

- Patrícia, ce garçon ne sait pas ce qu'il a désincarné, il sera aussi guidé.

- Quelle nuit ! D'abord, j'étais effrayé, puis on m'a dragué. Je n'en pouvais plus et j'ai beaucoup ri.

XX
AU CENTRE SPIRITE

Comme la réunion allait commencer, Mauricio est venu me chercher et nous sommes allés dans la salle. Nous nous sommes placés du côté droit de l'entrée et nous nous sommes assis. Cet espace est réservé aux visiteurs désincarnés. Nous nous sommes assis sur une chaise du sol matériel et non sur les chaises des incarnés. Je connaissais toutes les personnes présentes, c'était agréable de les voir. J'ai dit une prière de remerciement, ils ont beaucoup prié pour moi. Il y avait beaucoup de personnes désincarnées, de travailleurs, de visiteurs comme moi et de ceux qui allaient être guidés et aidés. Ces derniers ont formé des lignes que les travailleurs du Centre ont organisées pour que tout aille bien.

J'ai vu le garçon qui me parlait dans la file, il me fixait. Quand je l'ai vu, il a souri et a fait un signe de la main. Mauricio, voyant ma honte, sourit. Encore une fois, je ne savais pas quoi faire. Le garçon a continué à agiter sa main, j'ai agité la mienne en guise d'adieu. J'étais heureuse, je me suis assise derrière Mauricio pour qu'il ne me revoie plus.

Un incarné est apparu accompagné d'une personne désincarnée, il a agi visiblement et a posé une question sur un sujet qui l'angoissait. Pour nous désincarnés, cet homme était médium.

- Tous les médiums doivent-ils fréquenter un Centre Spirite ?

-Nous sommes tous libres de décider ce que nous voulons. Nous avons notre libre arbitre. Le Centre Spirite est fréquenté par ceux qui le souhaitent. Ceux qui veulent être utiles travaillent avec la médiumnité. Celui qui est sensé à besoin d'aide, de la présence d'amis désincarnés. C'est la raison pour laquelle les médiums doivent généralement se rendre dans un Centre Spirite. Ces amis désincarnés sont de bons esprits qui nous aident dans notre vie quotidienne. Ils vont donner des conseils, éviter les moqueries et les esprits nécessiteux qui peuvent déranger les personnes sensibles. Pour obtenir cette aide, ces esprits désincarnés, qui sont des esprits qui veulent grandir et travailler pour le Bien, conditionnent également l'entreprise du médium pour ces travaux. Si le médium incarné ne participe pas à un groupe, le désincarné continuera à participer et à aider. Il ne s'arrêtera pas si la personne incarnée ne veut pas travailler, mais seulement qu'il ne l'aidera pas. Le désincarné est prêt à aider le médium, mais il le veut comme compagnon, pour travailler et grandir ensemble. Dans le travail d'un Centre Spirite, à la fois apprendre et grandir, ils participeront à aider les désincarnés et les autres incarnés.

Le médium, qui ne fréquente pas un Centre Spirite et qui n'a pas la compagnie de bonnes personnes désincarnées pour l'aider, subit les conséquences des énergies néfastes. Soit il apprend par l'étude et la recherche à s'en débarrasser, soit il va travailler en compagnie du bon désincarné qui fait le bien.

Nous devons tous nous transformer et aider à transformer les autres afin qu'ils soient heureux un jour.

Le médium n'a pas besoin de se rendre dans un Centre Spirite, il doit y aller pour recevoir de l'aide et apprendre à aider. Pour cela, il n'y a pas de meilleur endroit que le Centre Spirite.

Un habitué des lieux, un incarné avec le désir d'apprendre, demandait à mon père :

- Pouvons-nous tirer des leçons de la persécution que nous font subir les désincarnés ignorants ? Est-il juste de vouloir s'en débarrasser ? J'ai vu beaucoup de gens qui viennent ici, résolvent leurs problèmes et ne reviennent jamais.

Papa a réfléchi rapidement et a réagi :

-Beaucoup de gens se rendent dans les Centres Spirites pour demander de l'aide afin de se débarrasser de leurs ennemis, comme s'ils allaient dans un magasin pour obtenir quelque chose qu'ils veulent pour leur confort. Beaucoup se rendent au Centre Spirite en pensant qu'ils font des faveurs à leurs travailleurs et veulent des solutions. Ces incarnés qui le font ne voient pas que si quelque chose ne va pas chez eux, dans leur bien-être, c'est à cause de leur propre imprudence. Agissant par égoïsme, ils imaginent qu'ils subissent l'erreur d'une autre personne. Ils ne pensent pas avoir fait de mal. Et que Dieu n'est obligé que de les soulager. Soulagés, ils oublient complètement ce qui s'est passé et retournent à leur situation d'avant.

D'autres, en revanche, face à la pression maligne des fauteurs de troubles désincarnés, cherchent de l'aide. Oui, il est juste de demander de l'aide. Soulagés, ils s'arrêtent et réfléchissent. Deux faits sont portés à leur connaissance. Malaise et soulagement intérieurs. Ils comprennent que quelque chose de subtil, non visible pour les sens, agit parfois pour nuire et parfois pour aider. Sur la base de cette compréhension, ils entament leur changement pour le mieux.

De nombreux travailleurs incarnés de nombreux Centres Spirites pour aider une personne incarnée dans le besoin sont persécutés par d'autres entités maléfiques, qui peuvent investir dans ces centres. Mais au lieu de se sentir bons martyrs, bienfaiteurs des semblables, ils profitent des coups de fouet pour s'améliorer.

Quand un fauteur de troubles ne me presse pas, il me manque, car la pression négative qu'il exerce me rend toujours alertée par mes pensées et mes attitudes. Afin de ne pas souffrir d'états inférieurs, j'ai consolidé mes attitudes dans le bon usage des choses de Dieu et de la nature. Les difficultés pour certains sont des punitions, pour d'autres, des opportunités et des encouragements à l'amélioration.

Une autre question a été posée par une jeune fille.

- Tout le monde souffre-t-il d'un acquittement de sa dette passée, ou souffrons-nous aussi pour une autre raison ?

- Nous souffrons de la dette du passé, mais pas toujours ; il est incontestable qu'aujourd'hui est une conséquence d'hier. Mais aujourd'hui est aussi la cause de demain. Si les circonstances sont défavorables aujourd'hui, si je suis conscient que je peux les transformer, ces adversités s'atténuent. Nous aurons toujours une opposition. Souvenons-nous de notre génie spirituel géant, Jésus de Nazareth, qui nous a dit : « Venez à moi, vous tous qui êtes fatigués et chargés, et je vous donnerai du repos. »

(Matthieu, 11:28-30) Pour l'homme qui n'est pas satisfait de ce que Dieu lui a donné, toute difficulté devient une punition, un martyre. Pour l'homme qui cherche à comprendre Dieu, à le servir, à l'aimer, toutes les difficultés sont des occasions qu'il saisit pour se dépasser.

Je vais donner un exemple très courant dans notre vie quotidienne. Il est naturel pour une personne sale de se laver et de se purifier. Pour beaucoup, le bain est un sacrifice. Beaucoup aiment être propres, d'autres aiment être sales. Pour celui qui a l'habitude de se laver, la saleté est une punition. Pour d'autres, cela n'a pas d'importance, car ils aiment être sales. Ceux qui n'aiment pas ça et qui sont sales sont contrariés. Nos erreurs, nos addictions, sont comme de la poussière. Pour être propre, il faut avoir envie de se nettoyer. Mais parfois, tu veux être propre, mais tu ne veux pas renoncer aux causes de la saleté. Cette lutte pour la propreté entraîne souvent des souffrances. C'est comme l'alcoolique qui aime boire, mais qui n'aime pas la gueule de bois. Il veut se débarrasser de la gueule de bois, mais il veut continuer à boire.

C'est pourquoi nombreux sont ceux qui recherchent la Maison des Spirites et qui veulent, soit dit en passant, supprimer la gueule de bois, leurs erreurs, mais qui veulent continuer leur dépendance. Ce conflit est la cause de beaucoup de nos souffrances.

Plus tard, mon père a lu la parabole des ouvriers de la vigne (Matthieu, 20:1-16). Il a expliqué :

-La plupart d'entre nous, à différentes étapes de la vie, prêtent attention à l'invitation de Dieu pour notre amélioration spirituelle. Initialement considéré comme un travail. Ils sont croyants et, en tant que tels, cherchent à exercer les préceptes et les lois de Dieu. Ces lois améliorent la coexistence des êtres humains dans leur vie quotidienne. Ceux qui recourent à cette amélioration dans les mots de paraboles sont les salariés. Ces croyants de la bonté, de la protection divine, consacrent leur existence à l'exercice de la fraternité, de la solidarité et de l'amour prescrits par leur croyance, comme points fondamentaux qui favorisent l'arrivée d'une nouvelle ère, dans laquelle les hommes cessent de s'entretuer, de s'explorer, d'être égoïstes. Ils travaillent intensément sur cette forme de vie, inspirant la promesse de Jésus qu'il y aura un nouveau Ciel et une nouvelle Terre.

Jésus a toujours utilisé le symbole matériel pour lui inoculer une grande signification spirituelle. La vigne symbolise le cosmos. Le cosmos est la maison de Dieu. Nous sommes tous appelés à participer spontanément à cette vie communautaire, non pas en termes étroits et égoïstes, mais dans une position totalitaire. Parce qu'il est un fait que nous sommes les enfants de ce cosmos et qu'en tant que tels, nous devons agir. Mais, bien que la conscience de cette affiliation ne se produise pas au sein de l'individu, nous reportons pour un temps notre participation consciente à cette symphonie universelle.

Là, donc, comme dans la parabole, différents temps sont divisés lorsque nous nous mettons à la disposition du Divin pour vivre et profiter de sa vigne.

Mais dans ce document cosmique qu'est cette parabole, nous voyons encore chez ceux qui sont au service du Seigneur la diversité des intentions. Tous les appelés, dans le cadre de la parole, travaillent, servent le Seigneur. Mais la motivation diffère d'un pays à l'autre. C'est la raison de la plainte de ceux qui travaillent depuis le plus longtemps. La personnalité égoïste qui ne fait qu'un certain travail en attendant un avantage ou un paiement, ou une position de grandeur, mesure ce qu'elle doit recevoir, en paiement ou en avantages, par l'ampleur de l'effort qu'elle a fait au nom de son Seigneur. Car cet homme vertueux ne se conçoit pas encore comme un héritier divin. Ce Seigneur est toujours quelque chose de séparé de lui. Il ne fait pas encore partie de son entourage. Par conséquent, le paiement qu'il attend est conforme aux privations qu'il subit pour l'oisiveté, les sensations et les plaisirs.

Sa mesure est toujours liée aux comparaisons qu'il fait avec ses semblables. Cet homme est toujours esclave du temps et de l'espace, de beaucoup et de peu, de la dette et du crédit. Cet homme, même dans l'exercice de sa vertu, n'a pas encore renaît. D'autres, qui ont la capacité de mieux comprendre, ne travaillent plus, ne comparent plus ou n'attendent plus de paiement, que ce soit sous forme de biens, de plaisirs ou de prix. Pas à cause de positions spirituelles.

Ils savent et sentent qu'ils sont les enfants de ce Seigneur. Maintenant, s'ils sont des enfants, tout ce qui appartient au Père leur appartient. Tout ce qui leur appartient a toujours appartenu au Père, ils travaillent pour le plaisir. Parce qu'il y a une garantie de perfection dans une action, celle-ci doit être faite avec satisfaction.

Leurs attitudes sont pérennes, puisqu'ils prennent soin de ce qui leur appartient. Ce sont les élus.

Regardez, dans la parabole, ceux qui sont arrivés les premiers ont voulu recevoir plus que les autres ; comme nous l'avons déjà dit, ils sont dans le domaine du montant de la position sociale. Les seconds ne se soucient pas du paiement. Tout ce qu'ils font est par amour, puisqu'ils ont le plaisir de travailler dans le vignoble de leur père, qui est aussi le leur.

Les deux types d'hommes travaillent dans la vigne, mais ils sont différents l'un de l'autre. C'est sur cette différence que repose le paiement du Seigneur. Aux égoïstes, Dieu donne le succès physique et mental comme paiement. En fonction des possessions, des positions, des satisfactions physiques et mentales.

Aux détachés, Dieu accorde la paix, l'amour, la joie, un bonheur inaltérable qui n'est pas lié au temps, à l'espace, ou à un peu ou beaucoup, mais à un état d'être. Ce sont les chers enfants du Père, dont Jésus parle tant.

Ceux qui se trouvaient sur la place attendaient d'être appelés au travail. Les oisifs ne venaient pas sur la place pour travailler. Ce sont ceux qui ne s'intéressent pas au cycle de l'évolution pour rendre le talent que l'homme possède à l'état embryonnaire. Ils n'étaient plus admis, car le cercle touchait à sa fin. Ils devront recommencer dans un autre lieu ou un autre monde.

Voyons, le Nazaréen nous a déjà invités il y a deux mille ans. Il est entre nos mains de travailler en attendant le paiement. Il est entre nos mains de construire un nouveau ciel et une nouvelle terre ici et maintenant. Il suffit que nous le voulions. Au travail !

XXI ENDOCTRINEMENT

Après la prière, l'endoctrinement du désincarné a commencé. Ils éteignaient les lumières pour faciliter la concentration, en évitant les distractions visuelles, fournissant ainsi les projections mentales qui agiraient le plus facilement dans le monde astral.

Quand j'étais incarnée, j'ai toujours aimé prêter attention aux endoctrinassions du désincarné. Chaque personne désincarnée a une histoire et certaines sont très intéressantes. Maintenant, en voyant l'orientation, l'aide de ce côté, j'ai encore plus aimé, c'est beaucoup plus fascinant. Mais en voyant tant de mutilés, dont beaucoup présentaient des signes de torture, j'étais un peu inquiet. C'est un groupe qui a été libéré du Seuil par les travailleurs du Centre, où ils étaient emprisonnés comme esclaves. Certains étaient choqués, j'ai regardé et je me suis senti désolé. Mauricio me l'a dit à voix basse :

- Patrícia, rien n'est injuste. Nous récoltons ce que nous semons. La réaction est de se conformer à l'action. Au moins deux de ces esprits doivent parler, en incorporant, un peu de leur vie. Vous verrez qu'ils ont ignoré les enseignements de Jésus. Ils vivaient incarnés pour jouir, pour compter et pour nuire aux autres. Deux d'entre eux étaient des sorciers ou des « macumbeiros », faisant du mal aux frères pour de l'argent. Ils utilisaient des personnes désincarnées comme employés, les servaient, puis c'était à leur tour de les servir. Tous seront secourus, soignés et emmenés à l'hôpital de Colonie pour y être soignés.

De nombreux nécessiteux seront incorporés, parmi lesquels beaucoup ne savent pas qu'ils sont désincarnés. Normalement, en comparant leurs états, le désincarné avec l'incarné, ils comprennent que le corps physique est mort. Lorsque nous nous désincarnons, nous pouvons immédiatement remarquer la différence, à moins que nous ne soyons complètement trompés et que, ne voulant pas accepter la réalité, nous fassions semblant de ne pas la remarquer. En me comparant à un incarné, je me sens léger, libre ; le périsprit est un corps beaucoup plus délicat et subtil que le corps matériel.

Mauricio, sachant ce qu'il pensait, a saisi l'occasion de clarifier :

-Dans le Centre Spirite où l'objectif est le bien, l'incorporation se fait pour aider. Les désincarnés qui ont besoin d'aide reçoivent une orientation et une guérison dans ces œuvres de charité. La perception d'être incarné ou désincarné est essentiellement mentale. Par peur de la mort, de l'inconnu, la personne désincarnée reste dans l'illusion d'être encore en chair et en os. Mais il y a des personnes désincarnées qui connaissent leur état et aiment l'incorporer. Ce sont ceux qui n'ont pas encore été réalisés spirituellement. Le corps mental trouve son plaisir dans les besoins physiques. Ce sont eux qui ont besoin d'un encadrement sérieux et honnête. Mais, bien qu'ils ne reçoivent pas, la plupart d'entre eux ne veulent pas recevoir ou changer, ils rejoignent des moyens de surveillance, sans études, qui ne fréquentent pas les lieux qui suivent le guide de Kardec. Parce qu'incorporés, tous les désirs du monde s'épanouissent instantanément. Dans de nombreux cas, ils font même certaines faveurs à l'incarné.

- Mince alors ! Je ne pensais pas qu'il y avait des personnes désincarnées qui aimaient se sentir dans le corps de chair !

- Ceux qui vénèrent la matière, et qui n'aiment que le plaisir, et non la douleur que le corps peut ressentir, aiment l'incorporer. Mais attention, l'endoctrinement a commencé.

Deux des esclaves qui m'ont tant impressionné ont été les premiers à recevoir une aide à l'incorporation. En fait, ils ont parlé un peu d'eux-mêmes. Ils ont fait de mauvaises choses, ils ont eu des opportunités, ils n'ont pas fait de bien aux autres ou à eux-mêmes. Ce qui est bon pour eux, c'est qu'ils ont eu la possibilité d'apprendre, de s'éduquer moralement et religieusement et qu'ils ne l'ont pas fait. Ils vivaient incarnés sans se soucier de la désincarnation. Sans penser qu'ils seraient obligés de récolter ce qu'ils ont semé. Tous les membres du groupe ont retrouvé le moral, ont été guéris et sont restés dans une autre ligne pour être emmenés à Colonie.

J'étais plus soulagé de voir qu'ils ne souffraient plus, j'espérais sincèrement qu'ils se rétablissent spirituellement. Cette douleur leur avait appris, et ils s'étaient vraiment tournés vers Dieu et détournés du mal.

L'homme qui avait peur de moi a été réveillé et guidé par un médium ; inquiet de ses douleurs, il a oublié qu'il me voyait. En comparaison avec l'incarné, il a compris qu'il s'était désincarné. De nombreux esprits dont le périsprit était blessé, nécessaire à leur harmonie, ont également été sauvés. Ces personnes blessées sont celles qui se sont senties incarnées avec toutes leurs maladies. L'impression est forte ; le manque de compréhension de la désincarnation les fait rester malades. Pour d'autres, les remords destructeurs ont causé des dommages au périsprit ; comme la plupart des incarnés sont imprudents ! La mort du corps ne semble pas être comprise par eux ; par conséquent, lorsqu'ils se désincarnent et souffrent, ils deviennent désespérés et se sentent perturbés.

Le garçon à qui j'ai parlé avant était dans la file. Au début, il semblait s'amuser, mais il s'est comporté poliment. Puis, conscient des modèles que d'autres personnes désincarnées recevaient, il s'est mis à pleurer en silence. Intelligent, il a compris qu'il était désincarné. Lorenzo est venu à son secours, l'a tenu dans ses bras et l'a dorloté comme un bébé. Dans les bras de Lorenzo, il s'est rappelé comment il s'est désincarné. Il avait peur. Qu'allait-il devenir ? Lorenzo lui a montré où il irait, il serait emmené à l'école de la Colonie. Il s'est calmé et s'est endormi. Lorenzo l'a mis dans l'autre rangée, il n'avait pas besoin de se lever.

Malheureusement, je n'ai pas pu m'empêcher de penser qu'il ne doit pas être agréable d'être désincarné et d'agir comme une incarnation. Malheureusement, je sais que cela arrive à la plupart des gens. La désincarnation est naturelle et pour tous. Le corps meurt et la plupart des gens se sentent perdus et perturbés. Pire encore, lorsque tu n'as pas fait de bonnes actions, c'est terrible lorsque tu as fait beaucoup de mauvaises actions. La désincarnation ne peut pas être très différente du mode de vie que tu avais lorsque tu étais incarné. Celui qui cultive les choses matérielles y reste, et celui qui accumule les biens spirituels est béni dans le domaine spirituel. On ne doit pas vivre incarné en ne pensant qu'à la mort, mais on ne doit pas non plus l'ignorer. Ne pas penser à la mort pour soi-même, et ne pas comprendre que ce fait est si normal, provoque de nombreux troubles, car le périsprit est une copie exacte du corps ; on ressent les mêmes besoins jusqu'à ce qu'on les comprenne et les surmonte. Ce jeune homme a trouvé la compréhension là-bas, au Centre Spirite. Avec les autres, ils l'emmènent à la Colonie, où il apprend à vivre avec le désincarné. Il avait peur de l'inconnu. Que deviendrait-il ? L'idée de l'enfer est forte chez beaucoup de gens. Quand ils comprennent que ce n'est pas si compliqué, la peur s'en va et l'espoir arrive.

Une personne désincarnée, qui faisait la queue pour être guidée, a attiré mon attention. Il était immobile, dur, ne bougeait pas. Lorsqu'il se tenait près d'un médium, il recevait une charge magnétique de l'un des travailleurs désincarnés et ressentait également la chaleur de son corps physique. Il ressentait des douleurs dans tout le corps, et lentement, il a réussi à faire bouger certains muscles. Elle était heureuse de déménager, avec l'aide du conseiller incarné elle a réussi à répondre à son salut.

- Bonsoir... !

Surmontant les difficultés, il a réussi à parler. Lorsqu'il était incarné, il était fier, propriétaire de nombreux biens, sa volonté était la loi. Il a commis de nombreuses erreurs. Il s'aimait beaucoup, son image, il était fort et arrogant. Il s'est fait sa propre statue. En fait, l'artiste l'a très bien sculpté. La statue était magnifique. Il l'a placé sur une place afin qu'on se souvienne de lui comme du bienfaiteur qu'il était. Cependant, il y a toujours un hic, la mort est venue détruire ses rêves et ses illusions. Il s'est désincarné à la suite d'une crise cardiaque. Il n'a pas réglé, il a voulu s'incarner. Ses ennemis le poursuivront pendant des années, mais peu à peu ils l'abandonneront. Mais le temps a passé et tout a changé, sa maison, sa terre. Seule la statue était encore là. Et il est resté près d'elle, jusqu'à ce qu'il en fasse son bouclier, comme si c'était son corps. Il s'y est attaché. Il sentait son corps se resserrer et il ne pouvait ni bouger ni parler. Il a juste écouté et vu ce qui se passait devant lui. Soixante ans se sont écoulés depuis qu'il s'est désincarné.

Le conseiller lui a demandé de demander pardon au Père et de se mettre en route pour vivre selon les leçons du Maître Jésus, ce qu'il a fait. Il était sincère. La douleur le fatiguait et il n'avait plus de raison d'être fier.

Il a marché, bien que soutenu par un sauveteur, jusqu'à la ligne qui allait à la Colonie. Il se rendrait également à l'hôpital. Il a pleuré, ses larmes coulant abondamment, lui faisant du bien.

L'orgueil et l'arrogance sont deux blessures qui finissent par saigner et causer beaucoup de souffrance.

Avec un grand profit, l'endoctrinement prendra fin. Toutes les personnes secourues ont été emmenées dans l'airbus pour être transportées vers la Colonie. C'est le cas dans la plupart des Centres Spirites. Mais il se peut que les personnes secourues soient emmenées dans un Station de Secours et, dans d'autres Centres, elles peuvent rester dans des lieux de protection, d'aide, de petits hôpitaux dans les Centres.

La prière de Caritas et de clôture ont été offertes. Les travailleurs désincarnés du lieu déverseraient des fluides, des énergies bénéfiques sur les personnes présentes. Mauricio me l'a encore fait comprendre.

- Les incarnés et même une grande partie des désincarnés ne vivent pas encore la foi, la fidélité à Dieu ; car, s'ils avaient la foi, chaque individu serait un pôle dynamique d'énergies balsamiques, harmonieuses et curatives. Mais, comme nous n'en sommes pas encore là, à la fin de la réunion, il y a une union mentale entre les responsables de ce lieu. Par conséquent, ils projettent des énergies mentales, pleines de lumière, de paix et d'affection, saturant l'environnement et les personnes de vitalité. Je précise que ces énergies ne subsistent que lorsqu'elles sont soutenues par ceux qui les émettent. Bien que tout l'environnement soit si saturé, seuls ceux qui bénéficient d'un sentiment émotionnel sont en phase avec ces vibrations d'amour et d'affinités spirituelles.

Ces fluides, ces énergies, sont merveilleux. De nombreuses personnes désincarnées pleuraient d'émotion. On dirait une pluie de fines couleurs qui tombe du toit, illuminant doucement le lieu, l'odeur est agréable. Je me suis concentrée et j'ai ouvert mon cœur, pour le recevoir. Pendant quelques secondes, je me suis sentie mouillée, j'ai senti la lumière entrer dans mes pores, c'est une joie indescriptible.

La réunion s'est terminée, les lumières se sont allumées. Les incarnés parlaient amicalement, je me suis approchée de ma mère et l'ai embrassée, puis de mon père. Tout le monde est sorti, les incarnés ont éteint les lumières et fermé l'endroit. Mais il ne faisait pas nuit sur le plan astral. Le travail se poursuivrait pendant de nombreuses heures. Quelques minutes plus tard, Mauricio m'a emmené à la Colonie. Je ne savais toujours pas comment y aller seul. Lorenzo nous a accompagnés. Pour quitter la Colonie, les détenus ont besoin d'une autorisation. Ceux qui ont déjà des connaissances et travaillent sont appelés résidents, ils ont également besoin d'une autorisation. Seuls ceux qui travaillent sur les deux avions, à l'Écorce et à la Colonie, passent sans cette autorisation. Toutes mes visites à l'avion physique étaient avec permission, et ce n'est qu'après un long moment que je pouvais venir seul. Les Colonies sont des lieux sûrs et paisibles, saturés d'énergies élévatrices. Parmi les incarnés, les énergies sont hétérogènes et peuvent être dangereuses pour certains désincarnés non préparés.

J'étais heureuse. Je voulais apprendre à être utile, je savais qu'il ne suffisait pas de vouloir servir, mais que j'avais besoin de connaissances. J'ai toujours aimé le Centre Spirite, la Doctrine Spirite. Il était encore plus heureux d'avoir participé à une réunion fructueuse. En regardant le ciel et ses étoiles infinies, j'ai remercié Dieu. J'avais beaucoup à remercier, rien à demander, mais j'ai supplié : « Père, nourris mon désir d'apprendre et d'être utile. »

Voleter est extrêmement agréable...

XXII
HÔPITAL

J'ai visité le Laboratoire où travaille notre ami Antonio (Antonio est l'un des personnages du livre « Corriger des Erreurs » d'Antônio Carlos). C'est un spécialiste et un chercheur. Le Laboratoire (comme il l'appelle) est un lieu d'étude, grand et très beau, où l'on fabrique des médicaments. Ces médicaments sont mis dans l'eau pour le traitement des désincarnés et des incarnés. Le laboratoire est situé à l'arrière de l'hôpital Colonie Saint-Sébastien. Normalement, toutes les Colonies ont cette partie du laboratoire. Six spécialistes y travaillent. Antonio a la plus grande affection et la plus grande fierté pour ce lieu. Il m'a recommandé quand je suis entrée :

-Mlle Patrícia, faites attention et ne touchez à rien.

Il m'a tout montré, ils cherchaient de nouvelles formules de remèdes. Lorsque je leur ai rendu visite, ils cherchaient un traitement plus efficace pour désintoxiquer les désincarnés dépendants de substances toxiques. Les toxicomanes secourus restent dans l'aile de l'hôpital, près du laboratoire.

Antonio et ses collègues travaillent et font beaucoup de recherches. Ils aiment ce qu'ils font ; cependant, beaucoup de personnes incarnées pensent que les personnes désincarnées ne travaillent pas, n'étudient pas ou ne font pas de recherches. Comme Dieu est miséricordieux, il ne donne pas l'oisiveté au désincarné.

- Anthony - je demandai -, ce remède est-il uniquement destiné à désintoxiquer les désincarnés ?

- Nous enquêtons à cette fin. Il est triste de voir ces frères souffrir, mais rien ne nous empêche d'apporter notre aide également aux incarnés qui sont intoxiqués.

- Alors, comment les incarnés recevront-ils ce traitement ?

- Eh bien, chaque fois que nous découvrons un remède, une nouvelle formule de traitement, nous pouvons le transmettre aux savants incarnés et autres. Les sauveteurs qui travaillent pour aider les toxicomanes peuvent également s'en occuper.

J'ai été fascinée par ce lieu d'étude et de recherche. J'ai aussi appris à connaître la maison d'Antonio Carlos, ou son coin, comme il l'appelle. Il m'a gentiment emmenée là-bas. Il vit dans une autre Colonie aussi belle et agréable que Saint-Sébastien. En fait, toutes les Colonies sont belles ! Il vit avec une de ses filles dans une très belle maison. Il nous a reçus avec joie.

– Papa ne reste pas ici – a dit Neuzil–. Il dit qu'il vit ici, mais il ne vient que pour marcher.

Nous avons souri joyeusement.

Le coin d'Antônio Carlos est une pièce de la maison qui possède une étagère pleine de livres, un bureau, une chaise et un petit canapé.

- C'est ici que j'écris la plupart de mes romans - il a expliqué -. Je ne viens ici pratiquement que pour écrire.

- N'écris pas aussi dans la Maison de l'Écrivain (la Maison de l'Écrivain est une petite Colonie dédiée à la littérature constructive).

- Oui, j'y ai aussi une chambre que j'utilise. Dieu merci, j'ai beaucoup de devoirs à faire.

Antonio Carlos est une personne très estimée, joyeuse, instruite et simple. Ce fut une visite très agréable.

J'ai visité l'hôpital avec Mauricio. Il est allé travailler et m'a emmenée là-bas. L'hôpital est toujours un hôpital. Ce n'est pas un lieu de joie ou de tristesse, mais d'espoir. C'est grand, énorme. Les hôpitaux dans les Colonies sont généralement énormes. Les grandes Colonies ont plusieurs hôpitaux dans certains de leurs ministères. Dans les Colonies moyennes et petites, il y a généralement un hôpital, mais il est toujours grand. Les imprudents sont nombreux. Dans les Colonies, les dirigeants sont très attentifs au bien-être et à la santé spirituelle de tous les réfugiés. Les dirigeants ? Oui, parce que partout, même sur le Plan Spirituel, il y a un responsable qui guide et gère de la meilleure façon possible le bien-être de tous.

Il est toujours bon de visiter un hôpital, que ce soit sur le plan matériel ou spirituel. Nous comprenons et voyons mieux l'ampleur de nos problèmes et nous éveillons en nous la nécessité de faire quelque chose pour ceux qui souffrent.

Mauricio aime l'hôpital, les hôpitaux sont son foyer.

L'hôpital pour enfants se trouve dans la partie du Centre d'Enseignement et est très beau et simple. C'est aussi très bien. Il y a des enfants et des jeunes en convalescence là-bas. Ils n'ont généralement pas de maladies enracinées et leurs réflexes sont plus faibles. Ils iront bientôt bien.

L'hôpital que j'ai visité est pour les adultes. Je connaissais la partie sur les malades en meilleure condition. Mauricio m'a dit que j'avais tout le temps de tout savoir, le reste serait pour plus tard. L'hôpital est entouré de jardins et de parterres de fleurs, avec des bancs confortables où les patients en convalescence marchent et parlent.

- Mauricio, tu habites ici ?

- Non, j'ai ma place sur Terre, à la Station de Secours du Centre Spirite. Je travaille là-bas et ici.

La façade de l'hôpital est très belle, avec de grands piliers. Il est peint en blanc et beige clair (les Colonies et les Stations de Secours ont leurs bâtiments peints différemment du Plan Physique). Après avoir été peintes, les couleurs ne s'effacent pas et ne vieillissent pas. Tout reste nouveau, soutenu par ceux qui l'ont façonné. Ils ne changent de couleur que si, pour une raison quelconque, ils le souhaitent. Les Colonies ont leurs bâtiments de couleur claire, ils n'ont pas tous les mêmes couleurs, mais ils diffèrent aussi dans l'ensemble du Plan Spirituel). A l'entrée se trouve la réception. Là, tout ce qui se passe dans l'hôpital est rapporté, d'où viennent les travailleurs et même qui sont les internes.

L'hôpital dispose de nombreuses installations, également appelées parties, ou chambres, ou salles. Dans cette Colonie, les parties sont appelées salles. Je dis bien dans cette Colonie, car les désignations varient selon le lieu. Les ailes divisées sont désignées par des lettres et des chiffres. A, B, C. 1, 2, 3... Sur l'aile droite, située à l'arrière, se trouvent les maisons de certains de leurs travailleurs. Les chambres sont grandes avec salle de bain et sont bien organisées, elles n'ont pas toutes la même taille, certaines sont plus grandes et d'autres plus petites. Il y a des chambres pour hommes et pour femmes.

Après la réception, il y a la Salle de Prière, où les détenus prient quelle que soit la religion qu'ils avaient lorsqu'ils se sont incarnés. Dans cette pièce, il n'y a que des chaises confortables, ses murs sont blancs et sans ornement. A l'avant, il y a une partie supérieure, où, à certains moments de la journée, les conseillers prient à haute voix. Beaucoup de détenus imaginent dans cette partie, dix centimètres plus haut, des autels, des images, des oratoires, etc. qu'ils aiment et où ils avaient l'habitude de prier. Dans cette Salle, il y a beaucoup de fluides sains, qui profitent à ceux qui prient. En face de la Salle de Prière, il y a une petite bibliothèque qui contient des livres doctrinaux internes, l'Evangile pour ceux qui veulent lire.

Malheureusement, beaucoup sont des internats, et la durée du séjour dépend d'eux.

J'ai suivi Mauricio, qui m'a expliquée ce qu'il y avait dans chaque aile. Nous sommes entrés dans une infirmerie. Ils fredonnaient, se parlaient entre eux. Lorsque nous sommes entrés, tout le monde était silencieux et le regardait avec amour. Avec soin et attention, il est allé de lit en lit. Il a parlé, souri, encouragé et s'est éclairci. Je suis restée à ses côtés, à regarder. Quand nous avons quitté la première pièce, j'ai demandé.

- Pourquoi ont-ils cessé de parler avec ton arrivée ?

- Peut-être parce qu'ils savent que je leur donne de l'attention et de l'amour. Pourquoi n'essaye pas de m'aider ?

- Je vais essayer. Mauricio, l'hôpital reçoit-il beaucoup de visiteurs ?

-L'hôpital reçoit la visite de groupes d'étude et de personnes comme vous qui veulent savoir et apprendre. Les détenus sont également reconnaissants pour les visites. La plupart des détenus reçoivent des visites, à leurs propres jours et heures, de leurs amis et de leur famille. Ces visiteurs sont très gentils avec eux.

La pièce suivante est la salle des femmes. J'ai commencé à les aider, à les mettre au lit, à leur demander comment ils allaient. Le simple fait d'avoir quelqu'un à qui parler de leurs plaintes et griefs les aide à se sentir mieux. Je suis allée avec Mauricio dans cinq quartiers. Je suis fatiguée. Pour la première fois dans la Colonie, je me suis sentie fatiguée.

- Patrícia, ça suffit pour aujourd'hui - a dit Mauricio. Tu m'as beaucoup aidé aujourd'hui. Je suis fier de toi. Bientôt, tu te reposeras. Nous dépensons beaucoup d'énergie lorsque nous nous occupons des nécessiteux. Rentre chez toi, mange et fais de l'exercice pour retrouver ton énergie.

- Tu n'es pas fatigué ?

- Non, j'ai de nombreuses années de pratique et beaucoup plus de connaissances que toi. Tu apprendras avec le temps. Comme je l'ai dit, tu m'as beaucoup aidé.

Je savais que Mauricio était gentil, mais j'étais heureuse. Il m'a raccompagnée et est revenu, il avait encore beaucoup à faire à l'hôpital.

Chaque fois que je faisais quelque chose d'utile, j'étais heureuse. Je me disais : si papa le sait, il sera heureux et maman pensera que c'est le mieux. Je suis revenue lentement en profitant des rues et des gens qui passaient par là. C'est tellement beau, agréable de se promener dans la Colonie ! Je suis rentrée à la maison et j'étais déjà reposée et je me sentais très bien.

Le lendemain, je me rendais à une réunion à l'école où je travaillais. Ce travail m'a remplie de joie. Parler aux amis avec lesquels je travaillais m'a apportée sécurité et satisfaction.

J'étais curieuse de savoir quel était le sujet de la réunion.

XXIII
VACANCES

La réunion a eu lieu à l'école, dans la salle de conférence. Les enseignants étaient présents à l'heure prévue. Mme Dirce a présidé la réunion, elle ne dirige que la partie de l'école qui enseigne l'alphabétisation. Toujours si gentille, elle nous a accueillis avec un sourire.

- Bonjour ! Nous sommes à la fin de l'année scolaire et comme chaque année, nous organiserons une fête pour ceux qui ont terminé le cours.

Tous les cours de la Colonie ont une durée fixe. La plupart d'entre eux suivent le calendrier de l'incarnation. En parlant de calendrier, ici nous avons le calendrier, le jour, l'année, tout comme les incarnations. Les Colonies et les Stations de Secours suivent la détermination du temps de l'espace physique auquel ils sont liés. Exemple : dans une Colonie en Europe, en Autriche, le temps est le même qu'en Autriche, c'est-à-dire que la Colonie est dans l'espace spirituel, à son tour l'Autriche est dans l'espace physique. La Colonie de Saint-Sébastien suit le fuseau horaire du Brésil, de la ville de São Sebastião do Paraíso. Lorsqu'il est de deux heures dans la ville physique, il est de deux heures dans la Colonie respective. Ici, nous suivons les horaires, il y a du temps pour tout et il est respecté. La discipline est nécessaire pour avoir de l'ordre. Il existe des horaires pour le travail en équipe, pour les études, etc.

Les cours commencent au début de l'année et se terminent généralement à la fin de l'année. Ce cours d'alphabétisation est rarement suivi en un an. Pour ceux qui ne veulent que lire et écrire, une année d'études suffit. Ce cours est généralement suivi en trois ans, au cours desquels les élèves reçoivent des connaissances équivalentes à celles de la première année. Cependant, il y a ceux qui ont plus de difficultés à apprendre et qui prennent plus de temps. Ceux qui souhaitent suivre le cours, mais seulement dans des cas particuliers, ne le terminent pas. Ceux qui le terminent ont de nombreuses options, ils peuvent continuer à apprendre ou se consacrer à d'autres tâches, contribuer plus d'heures ou un travail utile. Tous les élèves travaillent. Nous échangeons des idées sur la meilleure façon d'enseigner. Et dans les commentaires rapides, les vacances seront programmées. Mme Dirce, poursuivant la réunion, a déclaré

-Les vacances approchent et réfléchissons à la meilleure façon de les passer.

J'ai été surpris et je pense l'avoir prouvé. Affectueusement, a expliqué Mme Dirce, en s'adressant à moi, la nouvelle venue du groupe.

- Patrícia, c'est la première fois que tu collabores avec nous, les autres sont ici depuis plus longtemps. Nous sommes conscients que tu n'auras pas à revenir l'année prochaine, nous sommes désolés, mais nous savons que tu apprendras en cours de route comment vivre sur le Plan Spirituel. Nous apprécions ta coopération et espérons que tu as apprécié ton travail avec nous. Nous avons des vacances ou des périodes de repos. Tous les travailleurs disposent d'une période après une certaine période de travail pour se reposer ou pour résoudre leurs problèmes personnels, c'est-à-dire pour se consacrer à ce qu'ils veulent. Nous avons des vacances comme celles des incarnés, mais pas tant que ça. Il s'agit généralement d'un férié de deux semaines, de trois jours au maximum ou de quelques jours. Les élèves et les enseignants de cette école ont des vacances pendant la période de Noël. Pour les élèves, il s'agit d'une période de repos après une période d'études. Il y a également un jour férié chaque année pour ceux qui ont terminé le cours. Nous, les enseignants, méritons les vacances, même si je ne sais qu'aucun d'entre nous ne fait rien. Nous profitons de l'occasion pour rendre visite aux parents incarnés et désincarnés, participer à l'aide supplémentaire pour les frères et sœurs qui souffrent. Il ne s'agit que de quelques jours, puisque nous commencerons à travailler au cours de la deuxième semaine de janvier.

- Je ne veux pas rester inactive, je travaille depuis si peu de temps - j'ai dit.

- Si tu veux travailler quand tu auras fini tes études, demande conseil à tes amis - conseille Mme Dirce –. Cependant, si tu veux profiter des vacances, tu verras à quel point Noël est beau dans la Colonie. Mais la raison de cette rencontre est aussi l'évaluation des élèves. Ils seront évalués en fonction des performances de chacun, afin que nous puissions les séparer en groupes pour un meilleur apprentissage.

La réunion a été un grand succès. Quand j'ai quitté l'école, je suis allée parler à Frederico et je lui ai dit :

- Frederico, je ne pensais pas que les personnes désincarnées auraient des vacances.

- Tout le monde n'en a pas eu un, moi non plus. Je n'ai pas besoin d'eux, le travail fait partie de moi. Même en congé comme celui-ci, j'essaie d'être utile. Mais toute personne qui travaille à droit à une pause. Les conseillers des Colonies organisent le travail de manière que chacun ait du temps libre pour se reposer. Cette période est libre de faire ou de dépenser comme tu le souhaites, dans le respect des règles de la Colonie. Beaucoup passent du temps avec des proches incarnés ou désincarnés, vont leur rendre visite et beaucoup les aident. Ils peuvent se consacrer à d'autres tâches, mais aussi visiter d'autres endroits. Pour les débutants en Colonie, ces vacances sont importantes, surtout pour les jeunes. Elle fait partie de l'adaptation.

- Je ne veux pas rester les bras croisés et ne rien faire pour l'instant. Mais je ne sais pas quoi faire ou ce que je peux faire.

Frederico sourit.

- Il est bon que tu apprennes à faire beaucoup de choses et que tu te consacres à l'avenir à ce qui peut être le plus utile pour toi et pour les autres.

Je n'ai presque pas dormi, j'avais beaucoup de temps. J'ai demandé à Frederico :

- Je ne peux pas t'aider plus longtemps ?

- Oui, je suis heureux de t'avoir à mes côtés.

- Puis-je vraiment être utile ?

- Quand nous le voulons, nous le sommes - il a joyeusement répondu.

L'école s'est réveillée lors d'une fête le jour des fêtes de clôture. Les certificats ont été distribués dans l'après-midi. La joie est sincère. Le certificat n'est pas un test, ce qui compte vraiment, c'est ce qui a été appris. Mais c'est quand même un exploit et ceux qui l'ont reçu étaient heureux.

J'ai remercié mes collègues et Mme Dirce pour l'amour, l'attention et l'aide que j'ai reçu pendant la courte période où j'étais là-bas.

J'ai beaucoup parlé avec Mme Dirce. Notre conseillère a dit qu'elle rendrait visite à des membres de sa famille et qu'elle rejoindrait ensuite un groupe qui travaillerait avec des toxicomanes.

- Pendant mes vacances, elle a ajouté, je fais toujours ce travail. Ceux qui sont perdus dans la dépendance sont les véritables esclaves, qui ont besoin de liberté. J'aime aider dans cette action de secours. Mais c'est à travers l'enseignement que je me réalise. J'aime enseigner.

- J'aime aussi – j'ai dit –, mais je suis plus intéressée par l'apprentissage. Mme Dirce, je vous en suis très reconnaissante. Merci pour tout.

La chorale d'enfants est venue nous porter un toast avec de belles chansons d'enfants, Noël et quelques psaumes. Ils étaient tous habillés de la même façon, en jaune pâle. Ils sont beaux, pas d'enfants laids, tous en bonne santé et heureux. Ils aiment chanter, ils font le bonheur de ceux qui les écoutent. Ils sont si gais qu'ils rayonnent de bonheur :

Lucius, un de mes élèves, est venu me voir et m'a donné un poème qu'il avait fait. Ce simple poème exalte le professeur et la joie d'apprendre. Je l'ai remercié, émue.

- Patrícia - il dit -, incarné, j'étais un malade mental, une personne handicapée. Il y a quelque temps, je me suis désincarné, j'ai été secouru, je me suis remis progressivement et j'ai commencé à travailler, à faire de petites tâches. Les superviseurs ont insisté pour que je fasse des études, récemment, j'étais intéressé par l'apprentissage. J'avais honte de mes difficultés. Quand j'étais incarné, j'ai beaucoup entendu dire que j'étais stupide, sans intelligence. J'ai beaucoup souffert, j'ai beaucoup souffert, j'étais méprisé, j'avais faim, j'avais froid et j'étais très malade. Je me suis désincarné à l'âge adulte. C'est si différent ici ! J'adore la Colonie ! J'ai le sentiment de ne pas avoir été déficient dans d'autres existences. Mais je ne veux pas me souvenir du passé, j'en ai peur. Les conseillers m'ont dit que je suis comme un fruit vert, que je ne suis pas prêt, prêt à me souvenir du passé. Je n'en ai vraiment pas envie. Comme je ne veux plus me souvenir de rien, je dois réapprendre et maintenant je suis heureux de le faire.

Lucius s'est éloigné, et j'ai continué à réfléchir. Mme Dirce, qui se trouvait à proximité, me voyant pensive, s'est approchée.

- Pourquoi être si pensive ?

- Lucius m'a dit qu'il était handicapé. Il se sent intelligent, mais il ne veut pas se souvenir du passé, il préfère réapprendre.

-Patrícia, aucun incarné n'est handicapé sans raison. Et les raisons sont multiples. Lucius, craignant le passé, ne veut pas s'en souvenir. Ce sont des carences qui doivent provenir de l'abus d'une intelligence brillante. On veille ici à ne pas faire du souvenir du passé une souffrance et un obstacle à la croissance spirituelle. Le passé est passé, il ne change pas. Nous construisons le présent et l'avenir. Si Lucius voulait se souvenir, le service qui aide beaucoup de gens à le faire évaluerait son cas, cela ne l'aiderait à se souvenir que si c'était pour son propre bien. Beaucoup sont immatures pour se souvenir de leur passé, s'il était éduqué, il s'en souviendrait et en aurait la connaissance.

- Mais il a du mal à apprendre.

- Il ne s'est pas encore complètement débarrassé de son handicap. Mais il apprend, non seulement en s'éduquant lui-même, mais les leçons de l'Evangile sont fixées dans son esprit. Il se rééduque.

Mes élèves m'ont donné des câlins, des remerciements et un bouquet de fleurs. J'étais ravie. La fête était magnifique !

Noël approchait. Noël a toujours été une fête pour moi, même si mon père nous prévient toujours que les dates ne représentent rien et que Noël est devenu, pour la plupart, une fête matérielle.

C'était la première fois que je passais désincarnée Noël et j'étais curieuse.

XXIV
NÖEL

Noël approchait, je savais que je manquais à ma famille, je me sentais nostalgique. Les dates sont gardées pour la nostalgie. Les moments festifs où la famille se réunit sont marqués par les souvenirs et la nostalgie. J'ai reçu de nombreuses prières, messages et de forts encouragements à être heureuse. Je l'étais et je le suis encore. Je pensais à ce fait lorsque Mauricio est venu me rendre visite.

- Mauricio – j'ai demandé –, je suis heureuse. Mais je manque aux membres de ma famille, est-ce juste ? Parfois, je pense que je ne devrais pas être si heureuse.

Mon ami a ri.

- Patrícia, tu es très chère et aimée. La nostalgie existe et existera, mais le temps l'adoucira. Que veulent-ils pour toi ?

- Pour que je sois heureuse !

- Tu es heureuse, tu fais leur volonté. Ce n'est pas égoïste. Si tu fais ce qu'ils te demandent, ils finiront par faire ce que tu veux qu'ils fassent. Qu'ils ne souffrent pas et se portent bien. Beaucoup de gens comme toi semblent se sentir un peu coupables d'être en bonne santé, ce qui n'est pas le cas de leurs proches. Cependant, on ne peut pas penser cela. Il faut plutôt essayer d'être de mieux en mieux, d'apprendre, de connaître, c'est seulement ainsi que l'on peut distribuer la joie. Seuls ceux qui ont appris à aimer rayonnent l'Amour et la Paix.

Noël à Colonie est magnifique ! Les jeunes et les enfants organisent des récitals, des danses, des conférences, des rencontres pour parler et écouter de la musique. C'est pour qu'ils puissent occuper leur temps et ne pas avoir la nostalgie des incarnés, ils sont distraits par l'adoucissement de leurs propres souvenirs.

Le groupe de jeunes a organisé des visites dans d'autres Colonies et m'a invitée, j'ai accepté avec plaisir. Ils allaient jouer une pièce de théâtre et chanter. Les jeunes sont enthousiastes. Ils font du théâtre en tant qu'amateurs, bien qu'il y ait parfois ceux qui ont le talent d'un artiste. Ce sont des pièces belles et saines qui apportent toujours des enseignements profonds. De nombreux chants présentés sont connus des incarnés, notamment ceux de Noël, tandis que d'autres sont des compositeurs du Plan Spirituel. Les enfants et les jeunes ont leur propre chorale et se produisent toujours lors des festivités dans la Colonie et, lorsqu'ils y sont invités, se rendent dans d'autres Colonies. Ils ont beaucoup de succès, ils se présentent très bien. La musique est une excellente thérapie. Les adultes peuvent également faire partie de chorales, de groupes de musique et de théâtres.

Nous sommes allés en airbus très lentement, c'était un voyage agréable. La Colonie voisine, comme toutes les autres, est très belle. Nous avons été accueillis avec joie. Après la présentation, nous avons discuté et échangé des idées. J'ai vraiment apprécié cette visite.

Dans notre Colonie, il y a une grande place, avec des sardinelles en forme de cœur à fleurs bleues et blanches, de petites fleurs à l'arôme agréable. Au centre de la place, il y a une scène ronde, où les chœurs se produisent habituellement. Il y a de nombreux bancs confortables et quelques balançoires. Elle est appelée Place de la Consolation. J'ai demandé à Frederico pourquoi ce nom.

- Lors de la planification de la Colonie, cette place a été faite pour que ses habitants puissent se rencontrer, se divertir. De nombreux nostalgiques sont venus ici pour se consoler. D'où le nom.

Un groupe de jeunes étrangers d'Italie est venu nous rendre visite. Ils se sont produits sur la place, nous présentant de belles chansons en italien. Ce fut un succès.

- Je pensais - je l'ai dit à Lenita - que je comprendrais tout ce qu'ils chantaient.

- La compréhension par la pensée est pour les esprits qui savent. Ceux qui sont parfaitement en phase peuvent transmettre des pensées. Avec l'esprit, nous faisons beaucoup de choses, mais nous devons savoir. La pensée n'a qu'une forme. Peu de personnes désincarnées savent comment utiliser cette communication. La plupart doivent connaître la langue. Toutes les Colonies ont des cours d'espéranto pour tenter de mieux communiquer entre elles.

- Je veux tellement apprendre l'espéranto pour transmettre la pensée. Je le mettrai sur ma liste.

Nous rions joyeusement. Ma liste était déjà énorme. J'ai un carnet dans lequel je note tout ce que je veux apprendre et les cours que je veux suivre. J'ai déjà fait beaucoup de choses, d'autres que je ferai avec la permission de notre Père. L'espéranto est largement répandu sur le Plan Spirituel, toutes les écoles ont des cours, et il existe de nombreux livres et échanges de cette langue entre les Colonies de toute la Terre.

Les organisateurs de la Colonie prévoient un long programme pour la période de Noël. Tous les jours, il y a des représentations de pièces de théâtre, des chorales, des musiciens, tous très heureux. Le Centre d'Enseignement est tout décoré, ils font des mangeoires, décorent les arbres avec des lumières et des boules colorées, qui nous rappellent les parures des incarnés. Tout est fait pour rendre les enfants heureux. Les travailleurs se déguisent en clowns, il y a des jeux et des danses et les enfants s'amusent.

Il n'y a pas d'échange de cadeaux, mais des souhaits sincères d'harmonie et de paix.

Chaque année, à Noël, il y a un enseignement comme objectif.

Cette année, c'était : « L'importance de Jésus incarné sur Terre ». Il y a des bannières avec ces slogans dans toute la Colonie, ainsi que des phrases saluant les résidents et les invités. Dans toute la Colonie, des conférences sont organisées sur le thème de ce Noël. C'est très beau, éducatif et passionnant.

As-tu déjà pensé que si Jésus ne s'était pas incarné parmi nous ?

Je suis allée plusieurs fois au Centre d'Enseignement avec Lenita et c'est là que nous avons rencontré Ana. Le Centre d'Enseignement est grand et en ce moment il est encore plus beau. Ses parcs sont décorés, ses conseillers cherchent à organiser de nombreuses activités de loisirs et de divertissement, presque toutes en plein air. Nous parlons beaucoup, nous nous rencontrons en groupes, nous échangeons des idées sur les conférences que nous entendons. Quand Lenita a vu un jeune homme triste et isolé, elle est allée le voir et m'a emmenée à elle. Nous nous sommes approchés de lui avec joie et nous nous sommes présentés. Elle a eu une conversation agréable, puis le jeune homme s'est excité et nous l'avons emmené en classe.

La Colonie est très occupée en ce moment. J'ai rencontré de nombreuses connaissances et la conversation a eu lieu...

J'ai vu ma famille plusieurs fois à la télévision.

On passe Noël à une fête, même si les travailleurs la passent au travail comme ils le font à toutes les fêtes lorsqu'ils sont incarnés, où il y a beaucoup d'abus. Ici, le passage de l'année est plus simple. La plupart promettent de s'améliorer. Ils se saluent joyeusement, se souhaitant mutuellement joie et espoir. Juste après le 1er janvier, tout ce qui concerne Noël est supprimé et tout revient à la normale.

Mon premier Noël sur le Plan Spirituel a été une grande joie. Comment peut-on ressentir de la tristesse en célébrant une naissance comme celle de Jésus, sachant l'énorme importance que ses enseignements ont pour nous tous ?

XXV
PERCEPTION DES DIFFICULTÉS

J'ai rendu visite, en compagnie de Mauricio, à mes parents. Quand je suis rentrée à la maison, j'avais peur. À côté de ma mère, il y avait un esprit perturbé dans le mal. Il était moche, sale, avec de longs cheveux et une barbe, de grands yeux verts et un regard cynique. Il essayait d'inculquer à ma mère l'idée qu'elle souffrait. Il parlait, riait, la regardait.

- Patrícia souffre au Seuil. Ta fille est malheureuse. Elle pleure pour toi. À quoi bon être un esprit ? Cela ne l'a pas empêché de mourir. Elle souffre !

- Pourquoi ? - J'ai dit indigné -. Comme c'est méchant !

Je pensais que Mauricio allait l'enlever, mais mon ami n'a rien fait.

Je l'ai regardé mendier sans demander.

-Patrícia, nous, les désincarnés, ne pouvons pas faire ce qui appartient aux incarnés, même si nous les aimons trop. Ta mère sait comment s'occuper de ces malheureux frères. Il lui parle, mais il écoute aussi. Elle peut lui répondre et le guider ou simplement ne pas y prêter attention.

- Je ne peux pas l'aider ?

- Sais-tu comment ?

Je me sentais impuissante et je voulais apprendre plus que jamais. J'ai pensé pendant quelques secondes que je ne savais que prier pour neutraliser les forces néfastes.

C'était suffisant. Je me suis concentrée et j'ai prié dans la foi pour ce frère. Il s'est senti inconfortable et a rapidement quitté notre maison. Je me suis approchée de maman et je lui ai dit :

- Maman, je suis heureuse ! Ne fais pas attention à ceux qui veulent te déranger. Je t'aime.

Maman se sentait bien et j'étais soulagée d'entendre sa pensée. « Patrícia est heureuse ! Je ne penserai pas autrement ».

- Reviendra-t-elle ? - J'ai demandé à Mauricio.

- Je crois que oui. S'il revient, ta mère est libre de l'entendre ou non. Faisons confiance à son bon sens.

Nous sommes allés voir mon neveu. Il était malade, il n'avait pas dormi de la nuit, il sentait les fluides nocifs de l'incarnation et de la désincarnation. Comme les enfants sont sensibles, je l'ai senti. Pendant un instant, j'ai été triste.

- Patrícia, la tristesse n'aide pas - Mauricio m'a guidée. - Prie pour lui, et donne-lui une chance de disperser les énergies négatives.

- Le pauvre, si petit et souffrant ! Je me sens impuissante car je ne peux pas l'aider.

- Tu ne peux pas souffrir à sa place. Chacun a une leçon à faire qui dépend de son apprentissage. C'est pourquoi toutes les personnes désincarnées n'ont pas la permission de rendre visite à leurs proches. Pour ces visites, ils doivent être en forme, conscients des problèmes qu'ils peuvent rencontrer. Voir ses proches souffrir n'est pas facile, surtout quand on sait qu'il n'est pas toujours possible de les aider.

Quelques jours plus tard, mes parents sont allés rendre visite à ma tante. Mauricio et moi sommes allés les voir. Mon père recevait de nombreuses attaques de l'obscurité et, avec lui, de la maison. Plus que jamais, cette phrase m'est venue à l'esprit, c'est sûr : « Là où il y a de la lumière, les ténèbres essaient de l'éteindre ».

Mon petit cousin sensible perturbait la famille. Aucun esprit n'était près d'elle, les frères perturbés ne sont pas entrés dans la maison de ma tante. Mais ils peuvent agir à distance et c'est ce qu'ils faisaient. Ils se sont concentrés sur elle et ont fait croire qu'elle était obsédée. Elle pleurait et elle était en colère. Ils lui ont fait prendre des habitudes que j'avais quand j'étais incarnée. Ils voulaient qu'ils pensent que c'était moi qui l'obsédais. Mon père s'est concentré, a prié, lui a donné des passes, détruisant le lien qui la liait à ces frères dans l'obscurité de l'erreur. Elle est revenue à la normale.

J'étais inquiet. Mauricio m'a expliqué :

-Patrícia, ces frères ont besoin de conseils et nous allons les endoctriner lors des réunions de désobéissance.

- Mais en attendant, ils vont aller les déranger.

- Les incarnés savent se défendre. N'as-tu pas vu ton père prier et désintégrer avec force mentale ce qu'ils vont construire ? Nous aurons toujours ces frères comme amis.

En me voyant un peu déçu et indigné, Mauricio a continué à m'éclairer.

-Emmanuel a sagement dit dans l'une des siennes, dictée à Chico Xavier : « Personne n'aide un naufragé sans subir le fléau des vagues. » La lumière soutenue par la foi et la sagesse est renforcée par les attaques dont elle fait l'objet. C'est avec ses respirations qu'il la magnifie. Un fauteur de troubles peut nous tromper. Dans cet environnement hostile, l'incarné peut céder et agir en opposition aux lois divines. L'esprit dérangeant peut nous nuire, nous subissons son harcèlement. Cette présence peut nous atteindre même le corps physique, mais à aucun moment elle ne peut nous nuire. C'est dans cet environnement hostile que le bon et fidèle serviteur renforce et consolide son expérience pour Dieu. C'est pourquoi, si nous empêchons un proche d'être examiné lorsqu'il est ici, il peut devenir frustré car il n'est pas sûr que, s'il revit la même situation, il aura la force de la surmonter. Parce que, Patrícia, il y a une grande illusion chez beaucoup de croyants quand ils attendent le ciel sans problèmes. L'opposition et la composition font partie de l'activité de la création divine. En parlant de ce point, l'appel du grand maître me vient à l'esprit : « Venez à moi vous tous qui êtes fatigués de porter un lourd fardeau et je vous donnerai le repos. Prenez sur vous mon joug et laissez-moi vous instruire, car je suis doux et humble de cœur, et vous trouverez le repos pour vous-mêmes. Le joug que je vous invite à prendre est facile à porter et le fardeau que je vous propose est léger » Matthieu 11:28–30.

Mon ami a fait une petite pause et a continué à m'éclairer.

—Regarde bien, Il ne nous fait pas croire qu'Il nous fournira une vie oisive, mais nous apprendrons de Lui que les difficultés que nous pouvons rencontrer ne doivent pas être considérées comme une punition, mais comme des situations qui nous mettent à l'épreuve. Si nous sommes vaincus, nous goûtons à la victoire sur notre infériorité ; si nous succombons, nous goûtons au fiel de la défaite morale. Regarde bien, dans ton cas : tu es née dans une famille comme des milliers d'autres. Tu es arrivée dans le monde physique, tu es partie et tu n'as pas laissé de traces. En lisant et en écoutant les directives pour améliorer ta personnalité, tu t'es éveillée au développement du potentiel humain à être bon en conscience, par sa propre volonté. Tu sentais, tu savais en détail dans l'avenir, que tu aurais une fin de vie dans le corps physique plus ou moins difficile. Cependant, avec ton exercice constant dans l'attitude du Bien, tu as payé tes dettes passées, tu t'es désincarnée calmement. En fait, tu n'as même pas vu ce passage, quand tu t'es réveillée tu étais parmi des amis.

Mauricio était silencieux et je réfléchissais. Mon ami avait raison, je l'ai remercié avec un sourire pour sa précieuse leçon.

Nous sommes retournés à la Colonie, j'ai pensé à tout ce que j'ai vu et entendu de Mauricio. Ce n'est qu'alors que j'ai compris pourquoi de nombreux détenus de la Colonie n'étaient pas autorisés à voir leur famille. Quand nous les avons vus heureux, nous nous sommes réjouis. Lorsque nous les voyons en difficulté, nous devons être forts, car parfois nous ne pouvons que pleurer ensemble.

Je connais de nombreux cas tristes qui sont arrivés aux détenus de la Colonie lorsqu'ils ont rendu visite à des membres de leur famille. Car il n'est pas facile pour une mère de voir ses enfants orphelins, parfois jetés dans la rue ou avec une belle-mère pour les aider. Qu'un père voie ses enfants se battre pour la fortune, ou qu'un fils vole un autre... Et la fille ou le fils voit ses parents maudire Dieu pour sa désincarnation. Il n'est pas facile de connaître ici, désincarné, des trahisons et des proches qui sombrent dans la toxicomanie. Les désincarnés doivent être préparés, en toute connaissance de cause, à surmonter ces faits. Car, faute de pouvoir le faire, ils peuvent devenir désespérés. Même pour ceux qui ont appris à aimer tout le monde comme des frères et sœurs, ceux qui, par l'étude et le travail, deviennent résidents de la Colonie, serviteurs du Père, ressentent les souffrances de leurs proches. Seuls ceux qui savent comprennent que tout va bien, que même les aimer ne peut interférer avec leur libre arbitre, et que la récolte appartient à chacun.

Dans ces moments de solidarité avec la souffrance des proches, l'éclat apparent du géant et brillant Nazaréen nous vient à l'esprit, dans sa célèbre phrase : « O race incrédule et perverse, répondit Jésus, jusques à quand serai-je avec vous et vous supporterai-je ? » Luc 9:41

Moi, à maintes reprises au cours de ces années, j'ai souhaité les aider, souffrir à leur place. Mais tu ne peux pas faire la leçon de l'autre. Celui qui fait la leçon qui appartient à un autre, l'empêche d'apprendre. À mon avis, un grand manque de charité est commis pour priver quelqu'un d'apprendre. Par conséquent, chaque fois que je sens qu'ils sont en difficulté, je prie, je leur envoie des fluides de courage, les encourageant à tirer le meilleur parti de leur apprentissage. Surmonter les difficultés mène au progrès, problèmes résolus et leçons apprises.

XXVI
TRAVAILLER AVEC FREDERICO

J'étais fière de faire mes heures supplémentaires. Tous les travailleurs bénéficient d'une période de repos, mais ceux qui souhaitent travailler pendant cette période gagnent deux fois plus. Je n'avais pas besoin de me reposer. J'étais excitée à l'idée de travailler de longues heures avec Frederico.

Quand je travaillais dur, je me sentais fatiguée, mais je me suis vite remise. Mon ami a une chambre à l'hôpital où se trouvent les meilleurs internes. Pour que cela soit clair : il a travaillé comme psychologue ou psychiatre. J'ai travaillé comme secrétaire, organisant les horaires, les dossiers et orientant les patients. Pendant qu'ils parlaient à Frederico, je ne faisais rien.

- Patrícia - Frederico m'a invitée - ne veux-tu pas aller dans la salle et écouter, pour savoir ce que nos frères apportent pour me parler ?

- Oui, bien sûr - j'ai dit avec joie.

J'ai alors réalisé les nombreux problèmes que la plupart d'entre eux rencontrent dans le traitement. J'écoutais sans rien dire, parfois j'avais envie de rire, parfois j'étais émue. Comme l'a dit grand-mère, rien de tel que d'aider à comprendre. En voyant, en sentant les problèmes des autres, j'ai remercié le Père de ne pas les avoir, de ne pas les avoir créés pour moi.

La plupart des problèmes ici sont ceux qui sont restés là, c'est-à-dire liés aux incarnés. Ils ont demandé à rendre visite à des parents ou à les aider. Mais il n'est pas possible d'aider, étant toujours parmi ceux qui ont besoin d'aide.

Presque tous ont parlé de leur vie incarnée et de leur désincarnation. Frederico écoutait attentivement, posant des questions de temps en temps. Certains se sont plaints des pleurs des membres de leur famille qui les dérangeaient. D'autres ont demandé des conseils sur la manière d'éviter d'entendre les cris et les appels de leurs proches.

- Tu devras prier pour eux - Frederico dit calmement -, sois patient, le temps passe en les réconfortant.

Mon ami leur a répondu à tous, les guidant avec sagesse. Il a également noté les adresses des cas les plus affligeants. Une fois les heures d'ouverture terminées, Frederico se rendit dans les foyers enregistrés, essayant de guider, d'aider les incarnés, les motivant à se consoler et à ne plus déranger leurs proches.

Mais il y a eu des plaintes différentes. Certains pensaient qu'ils étaient oubliés, principalement par leurs conjoints. Il y a eu quelques demandes de retour, et même dans le corps physique. Ils ne voulaient pas être réincarnés, ni naître dans un autre corps. Ils voulaient la leur. Ils ont même demandé à revenir dix ans plus jeune.

Parfois, je pensais que Frederico ne s'en sortirait pas. Mais, en grand connaisseur de l'esprit humain, il s'est exprimé poliment, calmement, en convainquant les experts. Certains n'ont pas aimé les réponses, mais ont fini par être convaincus. Beaucoup sont revenus à plusieurs reprises, jusqu'à ce qu'ils aient surmonté leurs problèmes ou une partie de ceux-ci. Parce que malheureusement, beaucoup étaient tellement obsédés par leurs problèmes qu'ils ne voyaient rien d'autre, et d'autres aimaient les avoir, et avaient besoin de plus de traitement.

Je citerai quelques cas, non par curiosité, mais pour servir de leçon à tous.

- Regarde bien, Dr Frederico - dit un vieil homme - tu verras avec ce que je vais te dire, tu seras d'accord avec moi. J'ai toujours été un grand travailleur, j'avais des biens. Honnêtement, pas toujours. Je ne peux pas mentir, je sais que je ne te tromperais pas. J'ai juste fait quelques erreurs en affaires. Ma première femme m'a beaucoup aidé, nous n'avons pas eu d'enfants, elle est morte et j'ai épousé quelqu'un d'autre. Ma deuxième femme est très belle, nous avons eu des enfants. Le misérable m'a trahi et quand je l'ai découvert, je suis allé tuer le bâtard et il m'a tué. Je veux y retourner et lui prendre ses enfants. Je ne veux pas me venger. J'ai beaucoup souffert en voulant me venger, je leur ai déjà pardonné à tous les deux. Mes enfants seront perdus, ils feront des erreurs, s'ils restent avec elle, j'en suis sûr. Je ne veux pas y aller en tant que personne sans corps, ils ne me verront pas. Ne peux-tu pas m'obliger à y retourner ?

Frederico a gentiment essayé de te donner des éclaircissements.

- Mon frère, lorsque tu étais incarné, as-tu vu une personne désincarnée revenir avec le corps ? Ton corps est déjà en poussière après si longtemps, c'est impossible ! Je te rappelle que chacun a des possibilités incarnées de suivre le

Bien. Tes enfants ne sont pas abandonnés par Dieu. Tu peux les aider.

- Mais ils ne me croient pas. Ils ne veulent pas m'écouter.

- Ne te décourage pas sans essayer. As-tu lu la parabole de Lazare et du riche ?

- Oui, celle du pauvre Lazare et de l'homme riche qui est mort et qui voulait revenir pour avertir ses frères et qui n'a pas pu.

-Lis-le à nouveau attentivement.

- Tu ne peux pas m'aider ?

- Je le peux. Je vais essayer d'aider ta famille pour toi.

- Je voulais vraiment revenir, sortir mes enfants de là et les élever mieux.

Mon frère, tu as été réincarné de nombreuses fois. Si tu pouvais t'en souvenir, tu pourrais essayer de changer. Mais en oubliant cela, tu aurais encore tort. Pourquoi ne pas te renforcer dans les enseignements de la bonne morale ?

L'homme n'en est pas sorti très satisfait.

- Frederico - j'ai dit - il me semble incroyable d'entendre cette demande. Je pensais que les personnes désincarnées étaient plus conscientes.

- Ils auraient dû l'être, mais les désincarnés ne sont pas très différents des incarnés. Ils ne s'améliorent pas par la désincarnation. Ils deviennent meilleurs lorsqu'ils apprennent. Ce monsieur ne s'inquiétait pas quand il était incarné pour élever ses enfants, maintenant il est sincère, il se soucie d'eux, mais en retard. Il ressemble à l'homme riche de la parabole que je lui ai recommandé de lire attentivement.

- Et il a fait une demande encore plus incroyable, celle de revenir avec son corps.

- Même s'ils savent que c'est impossible, ils essaient. Si cela était possible, beaucoup reviendraient.

- Je suis heureuse que ce ne soit pas le cas.

Frederico se rendit à la maison terrestre de l'homme et fit de son mieux pour leur demander des comptes. Le lendemain, il a rassuré ce monsieur. Il a dit que sa femme était une bonne mère, au moins elle aimait ses enfants. Elle décide de suivre les conseils de Frederico. S'améliorer et apprendre afin de pouvoir aider ses enfants à l'avenir.

Une femme, avec une expression triste, a dit à travers les larmes :

-Dr Frederico, je ne veux pas paraître ingrate. Je me suis désincarnée, j'ai beaucoup souffert, j'ai franchi le Seuil, ils m'ont aidée et je me sens mieux. Cependant... Je n'aime pas le Seuil, il m'horrifie, je ne veux pas me balader et... Je ne veux pas rester ici. Je n'aime pas cet endroit. Ils me traitent bien, mais je suis traitée de la même façon que les autres. Je ne peux pas manger de viande, je ne peux pas boire mon alcool. Je déteste être désincarnée ! J'avais un tel désir de mort. La mort n'est pas ce à quoi je m'attendais. Si seulement le ciel était là.

- S'il y avait un paradis comme je le pensais, est-ce que j'en serais ?

La dame n'a pas répondu. J'ai été surprise, c'est la première personne que j'ai entendue dire directement qu'elle n'aimait pas la Colonie. Frederico poursuit :

- Elle est insatisfaite d'elle-même. Ce que la Colonie peut t'offrir, c'est ce que tu obtiens. Alors que beaucoup sont heureux ici, il y a des mécontents comme toi. Que veux-tu vraiment ?

- Je ne sais pas. Je ne voulais pas être désincarnée, mais je n'aimais pas non plus ma vie incarnée. Peut-être que si je me réincarnais en tant que riche, belle et intelligente.

- Pour faire quoi ?

- Pour être heureuse, pour profiter de la vie.

- Pour combien de temps ?

- Si je le savais, je ne serais pas ici - a-t-il dit sans patience.

- Sœur, as-tu déjà essayé d'être heureuse en travaillant, en étant utile ?

- Non.

- As-tu déjà éprouvé la joie d'aider les autres ? Il faut s'aimer soi-même pour apprendre à aimer son prochain. Cesse d'être dans le besoin et sois utile. Dans ton dossier, il est noté que tu vas bien. Pourquoi n'es-tu pas prêt à aider ?

- Je trouve cela très difficile...

- Demain, tu reviendras pour qu'on puisse mieux se parler. Essaye d'être utile deux fois aujourd'hui.

La dame est partie en larmes en arrivant.

- Frederico - Je lui ai demandé, elle se plaignait d'être à l'infirmerie, pourquoi j'avais une chambre pour moi ?

-Patrícia, Jésus nous a recommandé de vivre incarnés, en conservant les biens spirituels, en donnant de la valeur à la partie réelle, celle qui nous accompagne après la mort du corps. Tous ceux qui ont fait ce que Jésus a recommandé ne méritent pas ce simple traitement, qui consiste à être logés pour une courte période dans une chambre individuelle. Vivre ensemble, être ici, c'est merveilleux. Certains sont imprudents, fiers, n'aiment pas se mélanger, oublient qu'ils sont frères de tous et que le Père est unique. Ils arrivent ici en tant que mendiants et demandent des prestations qu'ils ne méritent pas.

Peu à peu, cette dame change, Frederico fait tout son possible pour comprendre que seul le Bien la rendra heureuse. Elle a commencé à faire de petites tâches, mais en grognant. Frederico m'a dite que les conseillers de la Colonie allaient essayer de l'aider à surmonter son oisiveté, sinon elle devrait se réincarner. La Colonie ne loge pas les fainéants.

Un homme de trente-cinq ans est entré dans la pièce, quelque peu gêné.

- Le médecin m'aiderait-il ? Je me plais ici, je veux rester, mais le sexe me manque.

-Tu aimes être ici parce que tu as réussi à surmonter l'un des poids qui affligent les êtres humains, à savoir la lutte pour la survie. Ici, tu reçois beaucoup, même les réflexes de ta maladie sont vaincus. Tu te sens protégé, nourri, tu n'as ni chaud ni froid, bref, tu te sens à l'aise. Mais en même temps, tu aspires aux satisfactions que le monde physique t'a donné. Seuls te manquent ceux que tu considérais comme bons, les plaisirs. Je vais t'aider pour que tu ne sois pas étonné par ces échos de satisfactions du monde physique en aucune circonstance, il faut que tu choisisses de toutes tes forces et de toute ton attention un but ici dans le monde spirituel dans lequel tu vis maintenant, et que tu t'y consacres de toute ton âme. En ce sens, les énergies qui t'apportent aujourd'hui un écho du passé seront dirigées vers ce nouvel objectif. Je te conseille d'être utile, de travailler, d'étudier, de t'intéresser à faire le bien pour de nombreux frères ici, pour ceux qui vivent de l'autre côté de l'hôpital et qui souffrent. Ainsi, tu seras partiellement libéré des échos des satisfactions du monde physique, dans ton cas, du désir sexuel.

J'avais déjà entendu une femme se plaindre du même problème et Frederico lui a dit de se consacrer avec amour à une activité, un travail ou des études, car de cette façon elle serait partiellement libérée de ces désirs. Ce monsieur était la dernière attention de la journée. Ayant le temps, j'ai demandé à Frederico, désireux d'apprendre :

-Pourquoi partiellement et non totalement, si ces fonctions ne sont vraiment pas nécessaires ?

-L'attachement ou l'esclavage à l'une des habitudes, la gourmandise, le sexe, le mensonge, le fait de parler beaucoup ; c'est-à-dire les vices, qui sont apparemment inoffensifs et nuisibles à la société, mais qui en réalité font partie de la recherche incessante de l'homme pour remplir son vide physique.

L'homme est la somme de toutes les expériences que l'humanité a faites au cours des innombrables millénaires dont nous avons connaissance. Le premier sens qui s'est manifesté est le toucher et, à travers lui, l'homme a eu ses premiers plaisirs. Le second, le plus grand, était le sens de la survie, de la nourriture et de la procréation. Mais en parlant spécifiquement de procréation, parce que les autres sont sur le même plan, c'est le plus grand dilemme de l'homme, parce qu'ils condamnent la promiscuité sexuelle, mais ils n'enseignent ni n'expliquent pourquoi l'homme l'a. Si c'est mauvais, pourquoi l'a-t-il ? Si elle est bonne, pourquoi la réprimer ? La clé du problème réside dans son origine. Si tu prends une rivière et qu'au milieu de son cours tu construis un barrage, tu veux que les eaux ne coulent plus dans ce lit, ton travail sera constant, tu devras forcer le barrage chaque jour. Ils seront endigués chaque jour avec plus de force et de pression. Si tu le négliges, il brisera le barrage et son action dévastatrice sera mille fois plus importante que lorsqu'il était sur son cours normal. Voilà à quoi ressemble cette fabuleuse énergie vitale. Sur sa première impulsion, elle séduit l'homme avec plaisir pour assurer la pérennité de l'espèce humaine. L'homme devient esclave de cette énergie. Un simple reproducteur de l'espèce. Mais comme la progéniture pèse sur les épaules de ses parents, l'ingéniosité de l'intelligence, ne voulant pas s'abstenir du plaisir. D'autres hommes, par dévotion ou par croyance, s'abstiennent d'utiliser cette énergie. Il se peut que dans un avenir proche, l'énergie explose et produise plus de dommages, ou qu'elle dorme sur ce lit au détriment d'elle-même.

Quelques-uns, au lieu d'endiguer ou de tamponner cette énergie, retournent à la source vitale. Ils cherchent à savoir où naît cette énergie, qui est capable de donner naissance à l'être vivant et intelligent. Reconnaissant qu'il soit né de l'éternel lui-même, ils le détournent du lit de plaisir mondain qui assure la perpétuation de l'espèce, ils l'orientent vers la spiritualisation de l'individu, assurant ainsi la perpétuation de l'âme. La libération ne passe pas par la réprimande, mais par la compréhension de ce qu'est l'homme. Sur cette base, toute l'énergie qui le soutient est utilisée pour permettre au nouvel homme de renaître en tant que citoyen cosmique. Il ne s'intéresse plus aux plaisirs égoïstes, mais à la gloire de la manifestation de Dieu dans l'homme et dans tous ses enfants.

Patrícia, je ne pourrais pas lui dire ce que je te dis, cet homme ne comprendrait pas. Il est toujours esclave des addictions, s'il a un plus grand objectif, il sera partiellement libéré, seuls ceux qui ont fait ce que j'ai exemplifié sont complètement libérés. Il ne comprendrait pas, car peu de gens comprennent ce que Paulo de Tarso a dit : « La nature souffre et gémit dans les douleurs de l'accouchement jusqu'à ce que le fils de l'homme naisse ».

Après quelques jours de travail avec Frederico, au cours desquels j'ai beaucoup appris, je lui ai demandé s'il aimait ce qu'il faisait.

-Patrícia, depuis quelque temps déjà, étudie le comportement des êtres humains dans toutes ses variantes. Il n'y a pas de travail que je n'aime pas. Je suis heureux d'aider.

J'ai vu tant d'événements différents au cours de ces quelques mois de désincarnation. Que penseront les incarnés lorsqu'ils liront tout ce que je raconte ? Riront-ils ? Foutront-ils étonnés ? Ne le croiront-ils pas ? C'est seulement par la désincarnation qu'ils vérifieront.

XXVII
SE PRÉPARER À APPRENDRE

J'avais hâte d'en savoir plus et d'être utile. J'ai dormi quelques heures car j'ai aussi très peu mangé, appris à absorber la nourriture de l'atmosphère et bu peu d'eau. Quelques jours avant Noël, j'ai suivi le cours sur la façon de se nourrir, ce qui m'a été très bénéfique. Ici, l'eau est différente, magnétisée, je sens qu'elle est parfumée. J'ai toujours aimé prendre une douche, dans le cours j'ai appris à nettoyer à la fois le corps et les vêtements que je portais, à me nettoyer, à me désinfecter par l'esprit. Ne pas manger te donne un grand avantage, tu n'as pas besoin d'aller aux toilettes, tu ne bois pas d'eau en excès, tu n'urines pas. C'est bien, j'avais commencé à vivre spirituellement, les réflexes et les besoins charnels étaient en train d'être dépassés.

J'allais bientôt commencer mon cours et c'est avec une grande joie que j'ai eu des nouvelles de Frederico :

-Patrícia, je serai l'un des instructeurs du cours que tu suivras.

- Vas-tu quitter ce merveilleux travail ? Vas-tu partir à ma place ?

- J'aime toutes les façons d'être utile. Cet emploi est temporaire. Après le cours, je retournerai enseigner dans une Colonie d'Enseignement. Je voulais suivre ce cours depuis longtemps. Il est bon de se souvenir et de renouveler ses connaissances.

- Frederico, je te suis reconnaissante. J'ai vraiment apprécié de travailler avec toi et mon travail à l'école. Je pense les refaire.

Frederico rit.

-Patrícia, c'est bien que tu aimes beaucoup d'emplois et que tu connaisses de nombreuses façons d'être utile. Lorsque tu auras terminé t'apprentissage, tu pourras choisir ce qui est le mieux pour toi et pour le plus grand nombre de personnes.

Mauricio m'a donné quelques conseils sur le cours.

-Patrícia, tu vivras temporairement dans le secteur résidentiel de l'école, dans la partie réservée aux élèves qui font cet apprentissage intéressant. Le cours que tu suivras consiste à te faire connaître le Plan Spirituel. Ce cours a pour but d'instruire les désincarnés sur la façon de vivre spirituellement et de tout connaître, les Colonies, les Stations de Secours, le Seuil, voir les œuvres spirituelles avec les incarnés, etc. Pour ceux qui n'ont aucune connaissance, la période de ce cours est plus intense. Pour ceux qui ont des connaissances comme toi, le temps est plus court. Tout est bien organisé. Il y a une certaine date pour le début et la fin. Le tien prendra neuf mois. Le groupe est petit, tu auras trois instructeurs.

- Toutes les personnes désincarnées suivent-elles ce cours ?

- Ce devrait être l'idéal. Malheureusement, le pourcentage de ceux qui veulent apprendre est faible. Ensuite, pour suivre ce cours, ils doivent s'adapter, être conscients de leur état de désincarnation, vouloir apprendre à être utile et, surtout, aimer ça. Aimer le Plan Spirituel.

- Qui va suivre le cours avec moi ?

- L'équipe est formidable, tu vas aimer tout le monde. Tu es le plus récent. Les autres sont ici depuis des années. Certains sont des protecteurs des incarnés ou veulent l'être, ils apprennent à mieux se guider. D'autres travaillent à la Colonie depuis longtemps, ils sont maintenant intéressés à connaître le monde des esprits dans son ensemble.

-Mauricio, n'y a-t-il que cette façon de connaître le Plan Spirituel ?

- Non, ce cours est le moyen le plus simple et le plus organisé. De nombreux travailleurs le savent en servant et en aidant. Bien que, Patrícia, tu ne te contenteras pas de regarder, mais tu apprendras en participant et en aidant.

Ma chambre serait occupée par quelqu'un d'autre, j'y étais depuis un certain temps, je savais qu'un jour je devrais la quitter. Je n'étais pas triste, j'ai remercié les amis de ma grand-mère pour leur aimable accueil. Mes violettes restaient chez grand-mère jusqu'à la fin de mon apprentissage, puis je les emmenais dans une Colonie Scolaire où j'allais. Mes violettes étaient belles et fleuries, les regarder me motivait encore plus à apprendre, à continuer à être heureuse. Nous les avons emmenés dans la chambre de ma grand-mère. Nous les avons mis sur le rebord de la fenêtre de sa chambre. J'avais de courtes pauses pendant le cours et je venais rendre visite à grand-mère et à mes violettes. J'ai emballé quelques affaires pour les amener au logement de l'école. Ce que je pensais être inutile, je suis partie avec grand-mère.

A l'heure prévue, Mauricio est venu me chercher. Nous avons marché côte à côte.

- Patrícia, ma tâche avec toi se termine aujourd'hui.

- Mauricio, je sais que tu n'aimes pas les remerciements, mais de tout cœur je te dis : merci ! J'espère ne pas t'avoir posé trop de problèmes.

- C'était un plaisir, nous sommes devenus amis et nous le serons toujours.

Nous sommes entrés dans l'école par un autre portal. Je connaissais cette partie, mais, à ce moment-là, elle me semblait différente, plus belle. J'étais venue pour apprendre, en tant qu'apprenti, cela m'a fait sentir différent. J'étais curieuse de savoir à quoi ressemblerait cet apprentissage dont on parle tant. J'ai entendu beaucoup de choses quand j'étais dans la Colonie. Qu'est-ce que tu apprendras vraiment ? Qu'est-ce qui serait génial à voir et à savoir ?

J'ai été émue. Mon cœur battait la chamade.

FIN

CHERCHEZ LES AUTRES MEILLEURES ŒUVRES DE VERA LÚCIA MARINZECK DE CARVALHO ET PATRÍCIA

Cherchez-nous sur Amazon et ITunes

World Spiritist Institute

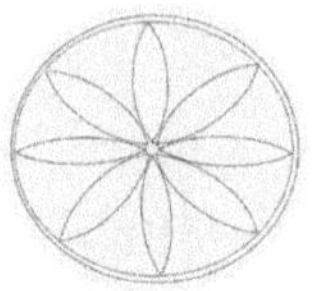

Milton Keynes UK
Ingram Content Group UK Ltd.
UKHW040037160324
439374UK00005B/323

9 781088 241639